Zeferino González

La causa principal originaria

Barcelona **2024**
Linkgua-ediciones.com

Créditos

Título original: La causa principal originaria.

© 2024, Red ediciones S.L.

e-mail: info@linkgua.com

Diseño cubierta: Michel Mallard

ISBN rústica: 978-84-9816-290-5.
ISBN ebook: 978-84-9897-434-8.

Sumario

Brevísima presentación

La vida

Zeferino González Diaz de Tuñón (Pola de Laviana, Asturias,1831-1894). España.

Hijo de labradores, en 1844 tomó el hábito dominico en el convento de Ocaña, y se fue a vivir a los dieciocho años a Manila, donde terminó sus estudios. Su salud delicada marcó su dedicación a la academia y no a la misión: en enero de 1862 firmó *La Economía política y el Cristianismo*, y en 1864 publicó en Manila su obra doctrinal más sólida, los tres volúmenes de *Estudios sobre la filosofía de Santo Tomás*.

En 1866 es trasladado por su Orden a España y en 1873 fue elegido miembro de la Real Academia de Ciencias Morales y Políticas.

De 1875 a 1883 ejerce como obispo de Córdoba, donde inició la organización de los Círculos Obreros y adaptó los Seminarios eclesiásticos a las enseñanzas del bachillerato civil. Más tarde fue nombrado arzobispo de Sevilla, y en 1884 fue designado cardenal. Un año más tarde ocupó la Sede Primada de España, se enfrentó al clero toledano y en 1886 prefirió dejar el arzobispado de Toledo y volver al de Sevilla, del que dimitió para jubilarse.

La causa principal originaria

ya que no única, del malestar que esteriliza y detiene la marcha de la sociedad por los caminos del bien, es esa gran negación oculta y encarnada en el principio racionalista, es la negación de Dios, principio generador del mal en todas sus formas.

Discurso del Excmo. e Ilmo señor don Fr. Zeferino González[1]
Real Academia de Ciencias Morales y Políticas
Madrid, 3 de junio de 1883

No se me oculta, Señores, que al abrir las puertas de esta ilustre Academia a un hombre que nada vale ni significa en el terreno del saber, habéis querido, pasando por alto su personalidad, honrar en él al ministro de Jesucristo, dando una vez más público testimonio de vuestro acendrado amor y respeto a la santa Religión católica, que ha venido formando y vivificando nuestra grande y gloriosa nacionalidad, a esa Religión tres veces santa, a cuya sombra y en cuyo nombre el pueblo español llevó a cabo empresas y hazañas fabulosas, que transformaron su historia en magnífica epopeya.

Empero si esta consideración me alienta y conforta en la hora presente, abáteme al propio tiempo la idea de mis escasos merecimientos para ocupar un puesto al lado de las eminencias filosóficas, científicas y literarias de esta noble y en otro tiempo poderosa España, que, fatigada y esterilizada hoy por convulsiones políticas, aguarda con ansia tiempos más bonancibles para reanudar la rota cadena de su pasado glorioso, y para demostrar de nuevo al mundo que el genio filosófico y literario todavía cierne sus alas sobre la patria de Séneca y de Marcial, de San Isidoro, de Lulio y de Vives, de Melchor Cano y de Suárez, de Cervantes y de Calderón de la Barca.

---

1   Creemos oportuno advertir a oyentes y lectores que este discurso fue escrito y presentado a la Academia en 1874, no habiéndose verificado entonces su lectura a causa de los sucesos de la restauración monárquica que suspendieron los trabajos del académico encargado de la contestación, y a causa también de las atenciones episcopales del autor fuera de Madrid. Éste no se ocupó más en el discurso, en la persuasión de que nunca tendría ya lugar la recepción pública. Por esta razón notará el lector algunas alusiones a sucesos de aquella época, así como la falta de los nombres de algunos filósofos y libros correspondientes al movimiento intelectual verificado durante estos últimos años.

Y aquí, Señores, en presencia de esta reflexión, y ante semejantes ideas y recuerdos, permitidme que dirija en derredor una mirada, y al observar la postración de este mismo pueblo, en otro tiempo feliz y poderoso; al distinguir en su frente el signo del dolor y del abatimiento, enlazando con la misión que ejerzo sobre la tierra el objeto que aquí nos tiene congregados, me pregunte y os pregunte: ¿cuál es la causa de tan lamentable decadencia? ¿Será, por ventura, que este pueblo que marchó en otro tiempo a la cabeza de las naciones, ha dejado caer de sus manos el cetro sagrado de la Cruz de Cristo, que hiciera invencible su brazo en Covadonga y las Navas, en Otumba y Lepanto? ¿Será que las producciones de sus filósofos y literatos ya no se hallan informadas por la idea cristiana, que derramó fecundidad inagotable sobre la inteligencia y el corazón de nuestros grandes escritores?

Pero coloquemos el problema en terreno más elevado y más en armonía con el objeto de esta Academia. Indaguemos la razón por qué, no ya la España, sino la Europa toda, en medio y a pesar de su brillante civilización, presenta a los ojos del observador menos reflexivo síntomas innegables de corrupción y de muerte, y se agita, como el moribundo en su lecho, lanzando angustiosa mirada hacia lo porvenir.

Europa atraviesa una crisis profunda y universal: lleva en su seno elementos heterogéneos y opuestos, que determinan en sus entrañas un gran movimiento de fermentación, movimiento que se revela al exterior por amenazantes síntomas y terribles convulsiones. Al lado del principio cristiano y de los elementos evangélicos que le dan fuerza y vida, descúbrense en ella instituciones ateas, ideas materialistas, rebelión satánica de la ciencia y de los hombres contra Dios, al cual se pretende arrojar del mundo y de la sociedad; en una palabra: el principio pagano en todas sus formas, luchando y reaccionando contra el principio cristiano.

Sin desconocer la dificultad de comunicar interés a un tema, que lo es de frecuente discusión, dificultad realzada por su misma importancia y amplitud, tampoco debe olvidarse que se trata aquí de un problema de tal naturaleza, que se presta a indagaciones y soluciones de índole muy diversa; porque, en medio y a pesar de su unidad esencial, es problema muy complejo en sus causas, en sus formas y en sus manifestaciones.

Por otra parte, ¿cómo apartar hoy la vista de ese problema verdaderamente trascendental, en cuyo fondo todo hombre que piensa esfuérzase en vislumbrar el porvenir social y religioso del mundo, y descubre a la vez el origen verdadero y la razón suficiente de esa conjuración gigantesca del hombre contra Dios, que en Italia, Suiza y Alemania arma el brazo de los poderosos de la tierra contra la Iglesia de Cristo y los ungidos del Señor; que en Francia y en España ha hecho correr ríos de sangre y de fuego; que mantiene en la atmósfera que respiramos corrientes, ideas y siniestros presagios que cual losas de plomo pesan sobre las naciones todas y sobre los hombres de buena voluntad?

Por lo demás, al plantear el problema en estos términos, creo haber indicado a la vez su solución; porque, en mi humilde juicio, la causa principal originaria, ya que no única, del malestar que esteriliza y detiene la marcha de la sociedad por los caminos del bien, es esa gran negación oculta y encarnada en el principio racionalista; es la negación de Dios, principio generador del mal en todas sus formas; bien así como la afirmación de Dios es el principio generador del bien; es esa especie de universal ateocracia que, después de arrancar a la sociedad de su natural base y centro, paraliza sus movimientos, agota y consume sus fuerzas vivas. Trabajada por corrientes ateas en sus ciencias, en sus artes, en sus leyes, en sus instituciones y costumbres, esta sociedad no evitará, no puede evitar, los serios peligros que la amenazan, si no abre de nuevo su inteligencia y su corazón a las corrientes vivificantes del teísmo cristiano; si no busca su centro de gravedad y su ley de vida en la grande idea cristiana de Dios, revelada a la humanidad por el Verbo mismo del Padre, desarrollada y conservada en el mundo por la Iglesia católica.

Con el favor del que es apellidado en la Escritura Padre de las luces, y Dios de las ciencias —Deus scientiarum Dominus est—, y guiado por aquella Luz verdadera que ilumina a todo hombre que viene a este mundo, voy a entrar en la demostración de la tesis indicada. Pero antes de hacerlo, séame permitido dedicar honroso, cuanto justo y merecido recuerdo, al hombre distinguido cuya plaza vengo a ocupar en esta ilustre Corporación literaria.

Conocidas son de todos las virtudes cívicas y morales del señor Monlau, y conocidas son también las numerosas obras que atestiguan su incansable laboriosidad,[2] y que prueban a la vez que poseía talento flexible, erudición y ciencia nada vulgares. Atento siempre en las diferentes situaciones y circunstancias de la vida a procurar el mejoramiento y bienestar de sus semejantes, con razón puede decirse de él que pasó haciendo bien entre los hombres.

Pagado este tributo a la buena memoria del ilustre Académico, que me precedió en el campo de la vida y de la muerte, ensayaré ahora cumplir la palabra empeñada con respecto a la demostración de mi tesis.

Observando con sintética mirada el vasto campo histórico de la filosofía, no es difícil distinguir y señalar dos grandes corrientes que resumen su larga y compleja marcha a través de los siglos. Hay una corriente que apellidaré esencialmente racionalista, y hay otra corriente que apellidaré esencialmente cristiana.

En fuerza de la ley irresistible de la lógica, la primera es arrastrada fatalmente a la negación de Dios; porque el racionalismo que diviniza al hombre, proclamando la autonomía absoluta de la razón humana y su independencia de la razón divina, lleva en su seno la tesis ateísta. El carácter distintivo de la segunda es la afirmación de Dios; la afirmación de un Dios vivo, personal, omnipotente, creador libre e inteligente del mundo de la naturaleza y del mundo del espíritu, o, como dice el símbolo católico, Hacedor de cielo y tierra, de todas las cosas visibles e invisibles. Si me preguntáis los nombres de los principales representantes de la corriente racionalista, os diré: buscad en la historia de la filosofía a los representantes del idealismo, del materialismo, del panteísmo y del sensualismo, que esos son también los representantes legítimos de esa filosofía racionalista, que gravita con todo su peso hacia la negación de Dios.

Porque la verdad es que si para el materialista no hay más Dios que la materia con su fuerza, para el idealista Dios se convierte en un nombre vano sin realidad objetiva; y si el panteísmo destruye a Dios, convirtiendo la Divinidad en una sustancia cósmica y pretendiendo esenciarla fuera de sí en un mundo finito y contingente, el sensualismo no necesita más que dar un paso para llegar al ateísmo. Cuando se ha dicho, en efecto, que el alma del hom-

---

2   Escribió, entre otras menos notables, las siguientes obras: Psicología. Diccionario etimológico. Higiene del matrimonio. Higiene pública. Higiene privada. Elementos de literatura.

bre es una colección de sensaciones, no hay derecho para negar que Dios es la colección o generalización de los fenómenos de la naturaleza; para el sensualismo, el alma y Dios son dos abstracciones.

¿Queréis saber ahora quiénes son los representantes de la corriente filosófico-cristiana? Pues recordad los nombres de Clemente de Alejandría y Tertuliano, de Orígenes y San Agustín, de San Anselmo y Santo Tomás, de Alberto Magno y San Buenaventura, de Lulio, Vives, Suárez, Leibnitz, Bossuet, Balmes y Rosmini; y desde un punto de vista parcial pertenecen también a esta grande escuela Campanella y Bacon, Mallebranche y Pascal, Newton y Galileo, Maine de Biran y Gioberti y hasta los dos grandes filósofos de la antigüedad pagana; porque la ciencia de estos dos grandes genios reconoce y profesa la inferioridad y subordinación de la razón humana respecto de la razón divina, a la vez que la necesidad de que la filosofía marche en armonía con la tradición religiosa,[3] lo cual constituye como el carácter distintivo de la filosofía cristiana. Si el gran apologista africano pudo decir con profunda verdad que el alma es naturalmente cristiana —testimonium animae naturaliter christianae— bien puede decirse también que cuando la razón humana no se halla inficionada por el espíritu de la soberbia y de la

---

3 Creo excusado advertir que no se trata aquí de la tradición religioso-idolátrica y politeísta, sino de la tradición religiosa procedente de la revelación primitiva, desfigurada después por los hombres y sus pasiones, y de la cual se conservaron reminiscencias en la mitología, la fábulas, los símbolos, prácticas y ritos de las sociedades paganas.

Por los demás, la idea que apuntamos en el texto tiene en su apoyo la opinión del sabio Rosmini. «En los escritos de Platón, dice el filósofo italiano, es preciso distinguir dos doctrinas que están allí combinadas: una positiva y tradicional, otra racional.

»La distinción de estas dos doctrinas se observa en toda la antigüedad: es como la clave que facilita la inteligencia de la filosofía antigua. El mismo Aristóteles habla claramente de estas dos doctrinas: hace mención de una división de los sabios en dos clases, como de una clasificación generalmente admitida, llamándose los unos teólogos y los otros filósofos.

»Dábase el primer nombre a los que se ocupaban en recoger y penetrar el sentido de las verdades que Dios comunicó a los hombres desde el origen del mundo, verdades que, sin haberse perdido jamás enteramente, eran transmitidas de boca en boca y de generación en generación. Por el contrario; los filósofos eran aquellos que, lejos de atenerse a la tradición y a la autoridad, apenas les prestaban atención, tomando por guía en el estudio de las verdades el raciocinio individual.» Nuevo ensayo sobre el origen de las ideas, sec. IV, cap. I, art. 26.

rebelión contra Dios, gravita espontáneamente y se aproxima a la verdad cristiana, como se aproximó la razón de Platón y de Aristóteles, aun antes de que se dejara ver sobre la tierra aquel Logos eterno, presentido y esperado por el gran discípulo de Sócrates, y a pesar también del vacío inmenso producido en la filosofía antigua por la ausencia de la idea luminosa de creación, sin la cual no es posible resolver con acierto el problema cosmológico.

He dicho que la corriente filosófico-racionalista lleva en su seno la tesis ateísta, como último y espontáneo término de su evolución, a través de sus formas o manifestaciones principales; y esta indicación se halla en perfecta consonancia con la ley lógica. El término de una evolución, y de una evolución filosófico-científica, debe estar, no puede menos de estar en relación y armonía con el punto de partida y con el criterium general de esa misma evolución. Ahora bien: ¿cuál es el punto de partida, cuál es el criterium general de la filosofía racionalista? No otro, ciertamente, sino la autonomía absoluta de la razón humana, su independencia de la razón divina, y el consiguiente movimiento de separación primero, y de hostilidad después, con respecto a la tradición religiosa, como órgano de la razón y de la voluntad de Dios.

Tarde o temprano, la razón que se proclama autonómica arroja lejos de sí a la razón divina, incompatible con esa independencia absoluta; y el Dios verdadero llega a ser invisible para el filósofo que desconoce la inferioridad y la impotencia relativa del humano entendimiento. Si la inteligencia humana lo puede todo, no hay razón para negarle la infinidad del ser: la independencia absoluta en el orden inteligible es inseparable de la necesidad esencial del ser; envuelve lo que la teología cristiana apellida aseidad, atributo fundamental y característico de Dios.

Por otra parte, la verdad y exactitud de esta filiación lógica entre la filosofía racionalista y la negación de Dios, encuentra en la historia de la filosofía moderna una brillante contraprueba en su favor, porque la historia de la filosofía, de tres siglos a esta parte, es la historia del principio racionalista, que, a través de formas y evoluciones varias, viene finalmente a concentrarse y revelarse en la tesis ateísta. Echemos si no una rápida ojeada sobre ese período filosófico.

Hay en la historia de la moderna filosofía un nombre que, al lado de algunos servicios a esta ciencia prestados, representa funestísima influencia para la misma, y consiguientemente para la Religión y la sociedad. «Gracias a Descartes, exclamaba no ha mucho años el racionalismo,[4] somos todos protestantes en filosofía, de la misma manera que, gracias a Lutero, somos todos filósofos en religión.» Esta palabra, demasiado exacta por desgracia, os revela el nombre del filósofo a que aludo, y os revela también el origen y la razón suficiente de esa funestísima influencia por él ejercida en el terreno de la ciencia filosófica. ¿Será necesario recordar que la libertad absoluta del pensamiento en filosofía, libertad que constituye la base esencial del racionalismo, constituye también el carácter distintivo del cartesianismo? Si a esto se añade la duda universal y el espíritu de innovación y hasta de hostilidad que contra la tradición filosófico-cristiana fermenta, y estalla, y se manifiesta en la filosofía cartesiana, se reconocerá fácilmente que ésta entrañaba las bases todas y los caracteres fundamentales de la escuela racionalista. Que si esto no bastara para reconocer la estrecha afinidad que existe entre la filosofía cartesiana y la racionalista, bastaría ciertamente ese concierto unánime de alabanzas, que el racionalismo entona ante el pedestal de Descartes por boca de críticos, de filósofos y de historiadores,[5] los cuales, todos a porfía,

---

4   Los redactores de *El Globo*, publicación eminentemente racionalista.

5   Sabido es, en efecto, que los principales representantes del racionalismo, no solamente convienen en considerar y reconocer a Descartes como el padre de la filosofía racionalista o anticristiana, sino también en considerar al panteísmo, al idealismo, al sensualismo y al escepticismo, como evoluciones y deducciones que deben su origen al cartesianismo. Sabidos son igualmente los elogios y honores que los enciclopedistas del pasado siglo, y con especialidad d'Alembert, tributaron a Descartes y a su filosofía. Si Condorcet afirma que Descartes «aseguró para siempre a la razón sus derechos e independencia», los racionalistas redactores de *El Globo* reconocen que sus principios filosóficos dieron su fruto en el siglo XVIII especialmente, y también en el nuestro. Victor Cousin, a quien no puede negarse competencia en la materia, escribe también lo siguiente: «La filosofía del siglo XVIII es el desarrollo del movimiento cartesiano en dos sistemas opuestos, que el cartesianismo contenía en su seno, sin haberlos desarrollado en toda su magnitud. Era menester que estas potencias ocultas tomasen todo su incremento, para que fueran conocidas en lo que tenían y en lo que no tenían. De aquí resultó el idealismo de la escuela alemana y el sensualismo inglés y francés.» Por lo que hace a los historiadores de la filosofía, convienen generalmente en señalar como carácter distintivo del movimiento cartesiano la autonomía de la razón, y la independencia y separación de la filosofía con respecto a la teología y a la

reconocen que el mérito principal y casi único de la filosofía cartesiana consiste en su fondo y en sus tendencias racionalistas. Y la verdad es que no se engañaba el genio previsor de Bossuet cuando decía: «Veo prepararse un gran combate contra la Iglesia bajo el nombre de filosofía cartesiana».

El tiempo y la lógica, inflexible en sus leyes, se encargaron de desarrollar el principio racionalista entrañado en la filosofía cartesiana, de formular sus consecuencias y de establecer sus aplicaciones.

Rota la cadena de la tradición filosófico-cristiana, proclamado el principio de la duda universal, de la libertad del pensamiento, y la independencia de la razón humana, la filosofía, que hasta entonces había marchado al lado de la teología y de la Religión, como ciencia realmente distinta de éstas, pero en armonía con las mismas y recibiendo sus inspiraciones, comenzó a separarse de la ciencia cristiana, movimiento de separación que degeneró bien pronto en oposición declarada y hostilidad abierta contra la Iglesia y la verdad revelada. Evocados y atraídos por el principio racionalista que palpita en el fondo del cartesianismo, reaparecieron en la escena todos los grandes errores de la filosofía pagana, acumulados a otros nuevos, que hicieron desaparecer la fundamental unidad científica que la filosofía cristiana había iniciado. A la sombra y bajo la salvaguardia de la filosofía cartesiana, Espinosa[6] inaugura esa larga serie de sistemas panteístas que vienen deshonrando

---

tradición religiosa. En este sentido se expresan, entre otros, Tennemann, Manuel de l'Hist. de la Philos., tomo II. H. Ritter, Histoire de la Phil. mod., tomo II. A. Weber, Histoire de la Philos. europ. I. H. Scholten, Manuel d'Hist. de la Phil. et de la Relig. Veberweg, Grundriss der Geschichte der Philos.

6 Sabido es que la primera obra filosófica de Espinosa lleva por título: Renati Descartes principiorum Philosophiae, pars 1.ª et 2.ª, more geometrico demonstrata. A esta publicación, hecha en 1663, que representa la influencia general de Descartes sobre su espíritu, sucedió en 1670 el Tractatus Theologico politicus, publicación que representa el influjo que bajo el punto de vista racionalista ejerció sobre Espinosa la filosofía cartesiana. Así es que en este tratado Espinosa se dedica ante todo a discutir y resolver por medio del criterio racionalista los problemas relativos a la profecía, a los milagros, a la inspiración divina y otros análogos. Finalmente, su Ethica more geometrico demonstrata, es la transición espontánea del cartesianismo al panteísmo, y una evolución lógica de la idea o noción de sustancia enseñada por Descartes y contenida en sus escritos.

Porque la verdad es, que si «por sustancia debemos entender lo que no necesita de ninguna otra cosa para existir», y si solo Dios es sustancia, en el sentido propio de la palabra,

a la filosofía moderna, por más que revelen asombroso genio en algunos de sus autores. Mallebranche niega la causalidad del mundo externo, hace vacilar la libertad humana, renueva y exagera el ontologismo de Platón, y se entrega a peligrosos ensueños sobre la visión de los objetos en Dios. Berkeley proclama el idealismo; Hume marcha en pos del escepticismo, y Hobbes, en unión con Locke, echa los cimientos del materialismo, y hasta del ateísmo. Condillac desenvuelve el sensismo, al paso que los enciclopedistas, sus contemporáneos y compatriotas, bien así como los sucesores de Locke en Inglaterra,[7] niegan la inmortalidad del alma, la Religión cristiana, la revelación divina y hasta la existencia de Dios. La escuela escocesa, que intenta llevar a

---

como afirma el filósofo francés, Espinosa tiene derecho para proclamar la unidad panteísta de sustancia, y Leibniz lo tiene también para escribir (Op. Omn., tomo II, edic. Dutens) que Espinosa no hizo más que cultivar ciertas semillas de la filosofía de Descartes. Aunque más disimuladas tal vez, y no tan generalmente reconocidas, no son menos reales las relaciones entre el sensismo y la filosofía cartesiana. El hombre pensador no puede desconocer que el psicologismo exagerado y absoluto del filósofo francés, cuando pretende levantar el edificio todo del saber humano sobre la base estrecha y movediza de un hecho de sentido íntimo, singular y subjetivo, prepara el camino, no solo a las teorías sensistas, sino también al empirismo filosófico, o, digamos mejor, exclusivista y materialista, tan en boga en nuestros días. El celebrado cogito ergo sum, se resuelve, en último resultado, en una afección sensible, en un fenómeno de sensibilidad interna, y por consiguiente gravita espontáneamente hacia el sensismo, gravitación que aparece más lógica e irresistible desde el momento que se recuerda que, para Descartes, «sentir es lo mismo que pensar» (Oeuvres comp., tomo I, pág. 255), y que no solamente «el entender, querer, imaginar, sino también sentir, es lo mismo que el pensar» (Oeuvres comp., tomo II, pág. 67).

Si a lo dicho se añade la extraña teoría del animal máquina, premisa natural para el hombre-máquina de La Mettrie, no será difícil reconocer que la filosofía cartesiana lleva en su seno un germen del sensismo moderado de Locke, del más pronunciado o explícito de Condillac, y hasta del materialismo y ateísmo del pasado siglo; el mismo que los partidarios y representantes del positivismo materialista de nuestros días desenvuelven y reproducen bajo diferentes nombres y aspectos.

7   Aunque con cierta reserva, impuesta por el buen sentido de sus compatriotas, propagaron y desenvolvieron las tendencias anticristianas y las ideas naturalistas y materialistas de Hobbes y Locke en la Gran Bretaña, Collins en su A Discours on the free thinking. Toland en su Christianity not mysterious. Woolston en su A Discours on the miracles of saviour. Chubb en su The true gospel of J. C. asserted. Bolingbroke en su libro On the study use of history, a los cuales pueden añadirse los nombres de Shaftesbury, Tyndal, Morgan, con otros deístas y naturalista ingleses.

cabo una reacción contra la escuela materialista, solo llega a un espiritualismo incompleto y vacilante, a una filosofía empírica, que suprime a Dios bajo pretexto de incomprensibilidad psicológica, sentando así las premisas del positivismo contemporáneo y de sus conclusiones ateas.[8]

El sensismo, el panteísmo y el materialismo, representan la triple y más inmediata corriente de la filosofía cartesiana hacia el ateísmo; pero esa filosofía encierra además otra tendencia esencialmente ateísta, porque encierra gérmenes tan fecundos como explícitos de escepticismo; y el escepticismo que niega en el hombre y para el hombre la existencia de la verdad finita, niega a posteriori la existencia de la verdad infinita: el escepticismo es el ateísmo sistemático, es la negación pasiva de Dios, sobre todo cuando se trata de un escepticismo que lleva consigo la ruina del orden moral, como sucede en el cartesiano.

Y, en efecto, basta fijar la atención en la extraña teoría del filósofo francés relativamente a la naturaleza y condiciones de las verdades eternas y de la esencia de las cosas, para persuadirse de que su filosofía abre anchurosa puerta al escepticismo. La ciencia filosófica, o no significa nada, o es el conocimiento de las verdades eternas, necesarias e inmutables. Lo temporal, lo contingente, lo mudable, puede fundar hipótesis, teorías y opiniones; nunca constituir la ciencia, en el alto sentido de esta palabra. Por otra parte, si la verdad del conocimiento humano consiste en la ecuación del entendimiento con la cosa por él conocida: adaequatio intellectus cognoscentis cum re cognita, según la palabra profundamente filosófica de Santo Tomás, es a todas luces evidente que la necesidad y la inmutabilidad de la verdad científica exigen como condición sine qua non la necesidad y la inmutabilidad de la cosa conocida, toda vez que la realidad objetiva de la cosa conocida es la norma y regla, la razón suficiente y hasta la medida de la verdad de nuestros juicios.

---

8 Al afirmar aquí que el cartesianismo incubaba, además de otros errores, la teoría sensista y la teoría materialista, enuncio un hecho que creo haber demostrado tiempo ha en los Estudios sobre la filosofía de Santo Tomás, sin contar que esta apreciación coincide con la de un historiador reciente de la filosofía, testigo nada sospechoso en la materia, atendido el carácter de sus creencias y opiniones filosóficas, cuando escribe: «Racionalista y espiritualista en principio, el fundador de la filosofía francesa se acerca en realidad al empirismo y al materialismo.»

Si a la luz de estas nociones elementales examinamos ahora la teoría de Descartes, veremos al fundador de la filosofía racionalista, que abrigaba la modesta pretensión de dotar al género humano de un cuerpo de filosofía acabado y completo —integrum philosophiae corpus humano generi darem—; veremos al hombre que se comprometía a demostrar que la filosofía escolástica jamás había presentado solución alguna verdadera con respecto a los diferentes problemas filosóficos;[9] veremos, en fin, al filósofo de la razón independiente y de la duda metódica afirmar una y otra vez que las verdades eternas, necesarias y esenciales, dependen solamente de la libre voluntad de Dios, ni más ni menos que la existencia física y temporal de las criaturas; que Dios es causa eficiente y total de la esencia de las criaturas, lo mismo que de su existencia, de manera que si cuatro y cuatro hacen ocho, y si las líneas tiradas desde el centro a la circunferencia de un círculo son iguales, no es porque así lo exige la esencia del número o del círculo, inmutable y eterna, como eternas e inmutables son las ideas arquetipas que les corresponden en la inteligencia divina, sino porque Dios quiso libremente que fuera así, como quiso libremente crear al mundo. Santo Tomás había enseñado que la Omnipotencia divina se extiende a todo lo que es posible con posibilidad absoluta o interna, es decir, a todo aquello que puede concebirse bajo la razón de ser; pero que por grande que sea aquella Omnipotencia, no es capaz de producir lo que implica contradicción, porque esto no puede tener razón de posible ni de factible, y que por esta causa no puede producir tampoco una naturaleza o esencia a la cual falte ninguno de sus principios o atributos esenciales;[10] toda vez que el afirmar una esencia sin alguno de sus

---

9   «Je dis hardiment que l'on n'a jamais donné la solution d'aucune question suivant les principes de la Philosophie peripateticienne, que je ne puisse demontrer être fause et non récevable.» Ibíd.., tomo IX.

10   He aquí algunos de los varios pasajes en que establece y afirma explícitamente esta doctrina: *Esse autem divinum, super quod ratio divinae potentiae fundatur, est esse infinitum, non limitatum ad aliquod genus entis sed praehabens in se totius esse perfectionem: unde quidquid potest habere rationem entis, continetur sub possibilibus absolutis, respectu quorum Deus dicitur Omnipotens. Nihil autem opponitur rationi entis nisi non ens. Hoc igitur repugnat rationi possibilis absoluti (quod subditur divinae Omnipotentiae), quod implicat in se esse et non esse simul; hoc enim Omnipotentiae non subditur, non propter defectum divinae potentiae, sed quia non potest habere rationem factibilis neque possibilis. Quaecumque igitur contradictionem non implicant sub illis possibilibus continentur, respectu quorum*

principios o atributos esenciales sería lo mismo que afirmar simultáneamente el ser y no ser de la cosa. De aquí se concluye, añade, que Dios no puede hacer, por ejemplo, que «las líneas tiradas desde el centro a la circunferencia no sean iguales, como ni tampoco que el triángulo rectilíneo no tenga tres ángulos iguales a dos rectos»: *Contraria horum principiorum Deus facere non potest, sicut quod lineae ductae a centro ad circunferentiam non sint aequales, aut quod triangulus rectilinius non habeat tres angulos aequales duobus rectis.*[11]

Acabamos de escuchar la palabra, tan sencilla en la forma como profunda y filosófica en el fondo, del representante más autorizado de la filosofía cristiana: escuchemos ahora la palabra del genuino representante de la filosofía racionalista.

«Me preguntáis también, nos dice,[12] qué es lo que ha obligado a Dios a crear estas verdades, y yo os digo que ha sido tan libre para hacer que no fuera verdadero que todas las líneas tiradas desde el centro a la circunferencia sean iguales, como para crear al mundo.» «Las verdades metafísicas, que

---

Deus dicitur Omnipotens. Ea vero quae contradictionem implicant, sub divina Omnipotentia non continentur, quia non possunt habere possibilium rationem. Unde convenientius dicitur quod ea non possunt fieri, quad quod Deus non possit facere. Sum. Theol., part. 1.ª, cuest 52, art. 3.º

«Ad remotionem cujuslibet principii essentialis sequitur remotio ipsius rei. Si igitur Deus non potest facere rem esse simul et non esse, nec etiam potest facere quod rei desit aliquod suorum principiorum essentialium.» Sum. cont. Gent., lib. II, cap. 25, n.º 9.

11 Sum. cont. Gent., lib. II, cap. 25, n.º 40.

Como se verá a continuación en el texto, Descartes echa mano de estos mismos ejemplos cuando intenta probar la mutabilidad de las verdades eternas y de las esencias, y su dependencia de la libre voluntad de Dios.

No parece sino que Santo Tomás, al escribir las palabras citadas, tenía una especie de intuición profética de la futura peregrina teoría del padre de la filosofía moderna, y hasta de los ejemplos que aduciría para apoyarla.

12 Oeuvres, tomo VI.

«También es inútil preguntar, añade, cómo pudo hacer Dios desde la eternidad que dos veces cuatro no fueran ocho, porque yo confieso que no puedo comprender esto; mas como por otro lado comprendo perfectamente que nada puede existir, en cualquier género que sea, que no dependa de Dios... no se debe pensar que las verdades eternas dependen del entendimiento humano o de la existencia de las cosas, sino solamente de la voluntad de Dios, el cual, como legislador soberano, las ordenó y estableció desde toda la eternidad.»

llamáis eternas, fueron establecidas por Dios, y dependen de Él; lo mismo que todo el resto de las criaturas.»[13]

Finalmente, y para abreviar, he aquí un pasaje que resume su pensamiento sobre la materia: «En orden a la dificultad de concebir cómo ha sido libre e indiferente a Dios hacer que no fuese verdadero que los tres ángulos de un triángulo sean iguales a dos rectos, o, generalmente, que las cosas contradictorias no puedan ser al mismo tiempo, se puede desvanecer fácilmente, considerando que el poder de Dios no puede tener límite alguno».

Es verdad: el poder de Dios no tiene, ni debe tener límites; pero sí los tiene la posibilidad de las cosas, porque cuando se llega a la contradicción, cuando se llega al ser y no ser simultáneo, desaparece la posibilidad, y por consiguiente la factibilidad de la cosa, si se me permite la palabra. Por eso dice con gráfica expresión Santo Tomás, que cuando se trata de los imposibles absolutos, es más propio decir que ellos no pueden ser hechos, que decir que Dios no puede hacerlos: *Convenientius dicitur quod ea non possunt fieri, quam quod Deus non possit facere*, añadiendo que si lo que envuelve contradicción no está sujeto a la Omnipotencia, no es por defecto de poder en Dios, sino porque no puede tener razón de factible ni de posible: *Non propter defectum divinae potentiae, sed quia non potest habere rationem factibilis neque possibilis.*

Descartes no acierta a salvar la Omnipotencia divina, sino destruyendo su verdadera idea a fuerza de llevarla hasta el absurdo; no acierta a concebir la Omnipotencia en Dios, sino a condición de aniquilar el principio de contradicción y con él la misma razón humana y la base esencial de toda ciencia y de todo orden moral. Santo Tomás, por el contrario, sabe conciliar la verdadera idea de la Omnipotencia divina con la idea de la imposibilidad absoluta, no menos que con la ley esencial de la razón humana, sin que la una perjudique ni aniquile a la otra. En su fórmula y su pensamiento, si Dios no puede hacer cosas contradictorias, esto no arguye imperfección alguna ni limitación de poder, toda vez que éste, por grande que se le quiera suponer, solo puede extenderse al posible absoluto, es decir, al ser, pues el no ser no necesita de potencia alguna que lo produzca; y la contradicción es el no ser.

---

13   Oeuvres Comp., tomo VI.

¿Será necesario insistir ahora sobre las consecuencias tan absurdas como desastrosas a que conduce lógicamente la teoría cartesiana? Porque ello es incontestable que con semejante teoría desaparece, no ya la existencia real, sino hasta la posibilidad misma de la ciencia; puesto que desaparece el valor científico del principio de contradicción, ley primitiva de la razón humana, base primordial e inmutable de la ciencia.[14] En hipótesis semejante podremos, a lo más, estar ciertos de los fenómenos que se verifican en nuestra conciencia, si es que el testimonio del sentido íntimo es compatible con la duda acerca del principio de contradicción; pero toda certeza propiamente científica, toda certeza relativa a las verdades universales y necesarias, que constituyen el patrimonio peculiar de la ciencia, vacila, se desploma, desaparece y queda sepultada bajo las ruinas del principio de contradicción.

Pero no es solo el universal escepticismo el que con redoblados golpes llama a las puertas de la teoría cartesiana; es también la ruina del orden moral; porque el orden moral no significa nada si no descansa en bases inmutables, si no envuelve la distinción esencial y primitiva entre el bien y el mal. Y la inmutabilidad absoluta de esas bases y la distinción esencial y primitiva entre el bien y el mal, son incompatibles con la teoría cartesiana que nos ocupa; son inconciliables con una teoría que hace depender de la libre voluntad de Dios las verdades necesarias, la esencia de las cosas, el principio mismo de contradicción.

---

14   Y, ciertamente, si, como afirma Descartes, las verdades eternas dependen únicamente de la voluntad de Dios; si Dios las establece, como un Rey establece leyes en su reino; si es cierto que los tres ángulos de un triángulo son iguales a dos rectos, porque Dios quiso que así sucediera; si Dios es tan libre e indiferente para hacer que las líneas tiradas desde el centro a la circunferencia sean desiguales, como para crear el mundo; si la esencia de las cosas depende de la voluntad libre de Dios lo mismo que su existencia; si ha sido libre e indiferente a Dios, como afirma explícitamente el filósofo francés, hacer que no fuera verdadero, generalmente, que las cosas contradictorias no puedan ser al mismo tiempo, es a todas luces evidente que desaparece hasta la posibilidad de la ciencia. El mundo de los cuerpos y el mundo de los espíritus; el mundo de la naturaleza y el mundo de los fenómenos; el orden sensible lo mismo que el orden inteligible; el orden real lo mismo que el orden ideal; todo se halla sujeto al principio de contradicción. Si se echa por tierra este principio, la ciencia se hace imposible, porque la ruina del principio de contradicción es la muerte de la razón.

No: la voluntad de Dios no puede hacer que la justicia sea mala, ni que la mentira sea moralmente buena; como no puede hacer tampoco que haya efecto sin causa, o que el triángulo no tenga tres lados iguales a dos rectos. Las verdades morales son tan absolutas como las verdades metafísicas y matemáticas; y cuando Descartes reproduce una doctrina condenada ya de antemano por Santo Tomás, puede decirse con Bayle: «Siendo como es incontestable que todo aquello que depende del libre albedrío de Dios puede ser limitado a ciertos tiempos y lugares, como las ceremonias judaicas, podrá extenderse también esto a las leyes del Decálogo, si las acciones que éste prescribe se encuentran privadas de toda bondad por parte de su esencia, lo mismo que las acciones malas que el mismo Decálogo prohibe».[15]

Inútil será, después de esto, advertir que la moral del Cristianismo es incompatible con la moral que se desprende de esta teoría cartesiana. Ciertamente que la moral entrañada en esta teoría tiende mano amiga a los sistemas que buscan el origen de la moralidad en convenciones humanas y leyes positivas.

Y es cierto también, para generalizar y resumir, que la filosofía de Descartes se ve arrastrada hacia el ateísmo a causa de las corrientes escépticas, sensistas y panteístas que la atraviesan en todas direcciones, sin contar que

---

15 Repons. au Prov., cap. LXXXIX.

Considerada la teoría cartesiana por parte de sus aplicaciones al orden moral, puede mirarse como una reproducción de la enseñada en el siglo XIV, por el nominalista Occam, el cual hacía depender la moralidad de los actos humanos de la voluntad de Dios.

Santo Tomás había combatido de antemano semejante teoría, ya en fuerza de su doctrina acerca de la inmutabilidad absoluta de los principios morales y de la ley natural, ya consignando explícitamente que no todas las cosas dependen de la simple voluntad de Dios. He aquí algunos pasajes relativos a este último punto; pues sobre el primero consideramos innecesario insistir o aducir textos: *Et modo etiam praedicto potest solvi quaedam controversia, quae inter quosdam versabatur, quibusdam dicentibus, omnia a Deo secundum simplicem voluntatem procedere; quibusdam vero asserentibus omnia procedere secundum debitum a Deo. Quarum opinionum utraque falsa est; prima enim tollit necessarium ordinem, qui est interfectus divinos ad invicem, etc.* Quaest. Disp. de Verit., cuest. 6.ª, art. 2. «Per praedicta autem excluditur error quorundam dicentium, omnia procedere a Deo secundum simplicem voluntatem, ut de nullo oporteat rationem reddere nisi quia Deus vult.» Sum. cont. Gent., lib. I, cap. LXXXVII.

la teodicea cartesiana contiene puntos de vista muy débiles,[16] que facilitan los ataques y favorecen las conclusiones de la escuela atea.

---

16   Entre estos puntos débiles y peligrosos de la teodicea cartesiana, merece señalarse la importancia exagerada que en ella se atribuye al argumento ontológico con respecto a la demostración de la existencia de Dios. No cabe poner en duda que es preparar el terreno y abrir fácil entrada al ateísmo, afirmar que la existencia objetiva de Dios se halla en necesaria relación con una concepción subjetiva del hombre, con una idea a la cual lo mismo puede corresponder una realidad objetiva que un ente de razón, y sobre todo conceder importancia capital y casi exclusiva a una demostración que, en opinión de pensadores como Santo Tomás, es un verdadero sofisma. Al tratar éste la cuestión relativa a la existencia y cognoscibilidad de Dios, expone lo que se llama demostración ontológica, presentada después por Descartes, y antes de él por San Anselmo, en los siguientes términos: «Intellecto quid significet hoc nomen Deus, statim habetur quod Deus est. Significatur enim hoc nomine id quo majus significari non potest: majus autem est quod est in re et intellectu, quam quod est in intellectu tantum: unde cum intellecto hoc nomine Deus statim sit in intellectu, sequitur etiam quod sit in re.»

¿Qué valor concede el Santo Doctor a este raciocinio? Lejos de concederle la importancia excepcional que le atribuye Descartes, cuando lo considera como la demostración más legítima y evidente de la existencia de Dios, Santo Tomás ni siquiera le concede el valor que corresponde a un argumento o raciocinio probable, porque descubre en él un sofisma basado en el tránsito del orden ideal y puramente subjetivo al orden real y objetivo. He aquí su respuesta: «Ad secundum dicendum quod, dato etiam quod quilibet intelligat hoc nomine Deus significari hoc quod dicitur, scilicet, illud quo majus cogitari non potest, non tamen propter hoc sequitur quod intelligat id, quod significatur per nomen, esse in rerum natura, sed in apprehensione intellectus tantum.

Nec potest argui quod sit in re, nisi daretur quod sit in re aliquid quo majus cogitari non potest, quod non est datum a ponentibus Deum non esse.» Sum, Theol., part. 1.ª, cuest. 2.ª, art. 1.º

Hoy puede decirse que la historia y la experiencia se han encargado de demostrar la verdad y exactitud que encierra este pasaje de Santo Tomás, y que éste vio más claro en la materia que Descartes y el mismo San Anselmo. En la escuela crítica contemporánea encontramos la demostración práctica de esto, toda vez que sus representantes, y entre ellos Renan y Vacherot, admiten en el hombre la existencia ideal de Dios, la existencia en el pensamiento humano de un ser absolutamente perfecto, de la perfección absoluta, sin que por eso se crean obligados a admitir la existencia real y objetiva de ese ser absolutamente perfecto. Luego la realidad objetiva de la existencia divina exige y necesita otras bases más evidentes y sólidas que la simple posesión subjetiva de la idea de un ser perfecto, como supone y pretende Descartes.

Pero ya es tiempo, Señores, de abandonar el terreno cartesiano para entrar en el del criticismo kantiano, a fin de proseguir la demostración de nuestra tesis. Antes de verificarlo, consignemos una vez más que los gérmenes encerrados en la filosofía cartesiana, bien así como el principio racionalista que la informa, debían arrastrar, y arrastraron, en efecto, a esa filosofía, a la filosofía de la Enciclopedia. Odio satánico contra el Cristianismo y proclamación pública del ateísmo: he aquí la última evolución del cartesianismo, la condensación de sus erróneas doctrinas, la síntesis de sus tendencias y el resultado lógico del virus racionalista que llevaba en su seno. Que no sin razón glorificó el nombre de Descartes la revolución francesa, y el racionalismo reivindica para sí su herencia y su sangre,[17] y Michelet afirma que Descartes creó la filosofía libre de la época moderna.[18] Así es, en efecto; y por eso la última palabra de esa filosofía es la negación de Dios, porque esta negación es la última palabra de toda filosofía racionalista, que hace consistir la libertad en desconocer la superioridad de la razón divina, y en cerrar los oídos a su palabra.

Cuando todos esos grandes errores, incubados por el cartesianismo racionalista, haciéndose convergentes, y reflejándose en las páginas de la Enciclopedia, levantaban al materialismo y al ateísmo un monumento digno de semejantes sistemas, resonó allá en el centro de la Germania la voz del autor de la Crítica de la razón pura, que venía a cerrar el ciclo cartesiano para dar comienzo, o, mejor dicho, para comunicar científico organismo al ciclo crítico, iniciado de antemano por un filósofo escocés.[19] Superior inmensamente a Descartes como hombre de genio filosófico, Kant marcha, sin embargo,

---

17   «Nous procédons tous de lui, nous sommes tous de son sang.» Damirón. Rapport sur la quest. du cartesianisme.

18   Examen crit. de la metaph. d'Arist.

19   Decimos esto, porque, en nuestra opinión, el verdadero fundador del criticismo en filosofía es David Hume, precursor de Kant, así en orden a la crítica escéptica de las facultades de conocimiento, como en orden al valor objetivo de las ideas de la razón, y especialmente de la categoría apellidada causa.

Y en confirmación de esto, véase cómo se expresa el mismo Kant: «J'avoue de grand coeur, que c'est à l'avertissement donné par David Hume que je dois d'être sorti depuis bien des annes déjà du sommeil dogmatique, et d'avoir donné à mes recherches philosophiques dans le champ de la speculation une direction toute nouvelle.» Prolegom. à toute metaph fut., pref., pág. 17.

como aquél, por las corrientes del psicologismo sensista y del racionalismo absoluto; y de aquí la esterilidad de su escuela para la verdad y el bien, su fecundidad para el mal y el error. Su obra es una obra de muerte. Al rudo golpear de su crítica implacable, desaparecen del mundo real y objetivo la materia y el espíritu, el hombre y Dios. La ciencia queda reducida a un conjunto de intuiciones problemáticas, de categorías y leyes aprioríticas que ningún valor objetivo encierran. La psicología es un tejido de paralogismos y de representaciones empíricas; la cosmología y la teodicea encuéntranse sometidas fatalmente a una serie de antinomias insolubles. En una palabra: aparte de los fenómenos sensibles, en cuanto determinaciones subjetivas del espíritu, para el hombre de la ciencia no existe realidad alguna trascendental y metafísica; solo existe una realidad confusa e indeterminada, mejor dicho, la posibilidad de un Etwas nouménico, X incógnita e incapaz de ser jamás conocida por el hombre.

Cierto que nuestro filósofo, asustado de su propia obra y sobrecogido de espanto al ver las ruinas en su derredor amontonadas, inventa —porque esta es la palabra— un Dios sui generis, con el designio de salvar la moral del universal naufragio. Pero la verdad es que, una vez proclamada la impotencia radical de la razón humana para demostrar la existencia de Dios, este Dios no es ni puede ser otra cosa más que una hipótesis gratuita, un simple postulado, una afirmación de congruencia. ¿Qué Dios es ese que la razón pura declara imposible, o al menos indemostrable, y que, sin embargo, aparece en la escena de repente para que el drama tenga oportuno desenlace? No; el crítico de las antinomias no llegará jamás a resolver por legítimo y lógico procedimiento[20] la antinomia radical que existe entre su Crítica de la razón pura y su Crítica de la Razón Práctica.

Y esta imposibilidad aparece más de bulto, si se tiene presente que la libertad que en la teoría de Kant sirve a éste de premisa para establecer la existencia de Dios, no es la libertad como fenómeno de la experiencia

---

20 Scholtten, después de señalar varios defectos de las antinomias metafísicas y cosmológicas de que habla Kant, añade: «L'argumentation tirée de la raison pratique en faveur de l'existence de Dieu et de l'immortalité, et considerée par Kant comme suppléant a l'impuissance de la raison théorique, n'a pas la valeur qu'il lui attribue... De plus, infidèle à sa critique de la raison, il fait intervenir la categorie de cause lorsqu'il cherche comment l'equilibre doit se rétablir entre le bonheur et la vertu.»

individual o como hecho de conciencia, puesto que, según la doctrina kantiana, el mundo fenomenal, tanto externo como interno, se halla regido por un determinismo absoluto. La libertad, pues, que sirve de base a la razón práctica para postular la existencia de Dios, es la libertad inteligible, superior al espacio y al tiempo, la libertad posible; es esa cosa en sí, invisible para la razón y para la ciencia; es la libertad que la razón practica pone, o, mejor dicho, supone en la realidad nouménica y desconocida que se oculta tras del mundo de los fenómenos. De aquí resulta, que el filósofo alemán se coloca a sí mismo en la imposibilidad de establecer sólidamente ni siquiera la existencia de la libertad que sirve de base al postulado de la existencia de Dios. Por una parte, al negar el valor objetivo de los fenómenos de la sensibilidad interna y al someterlos al determinismo absoluto, según lo hace en la Crítica de la razón pura, enerva y aniquila la prueba más convincente de la libertad humana, y hasta pudiera decirse la única que resiste a todos los sofismas, cual es el testimonio de la conciencia. Por otro lado, esa libertad, independiente del espacio y del tiempo, perteneciente al mundo inteligible, privilegio o propiedad del ser nouménico, cuya naturaleza nos es desconocida, solo puede descansar en una especie de creencia o fe instintiva, toda vez que no es ni puede ser conocida por la razón ni demostrada por la ciencia.

Esto prueba una vez más, notémoslo de paso, la impotencia radical de la filosofía racionalista para evitar el error y la exageración. El filósofo del escepticismo crítico; el enemigo sistemático del dogmatismo metafísico; el hombre que se complace en arruinar una en pos de otra las verdades más fundamentales de la ciencia filosófica, no acierta a establecer la libertad moral y la existencia de Dios sino a la sombra de una especie de fideísmo.[21]

---

21 Tal vez no faltará alguno que se crea con derecho para tachar de exageradas nuestras palabras y apreciaciones sobre este punto. Quien tal pensare, lea con atención los pasajes siguientes, omitiendo, en gracia de la brevedad, otros no menos explícitos, y en ellos verá que, arrastrado por la lógica y la fuerza misma de las cosas, el fundador del criticismo, al establecer las afirmaciones y postulados de la razón práctica, nos habla de creencias en proposiciones teóricas, de artículos de fe, de adhesión libre, así como de enseñanzas o conocimientos que, sin ser objetivos de la realidad de sus objetos, enseñan, sin embargo, a obrar como si supiéramos que dichos objetos son reales. «Cette foi est la croyance à une proposition théorique par la raison pratique, par exemple: Il est un Dieu...

Sin ser explícitamente panteísta, el criticismo de Kant lo era implícitamente, encerrando gérmenes y tendencias no solamente panteístas, sino también materialistas; gérmenes y tendencias que no tardaron en desarrollarse y encarnarse en sistemas tan saturados de panteísmo y ateísmo como de racionalismo anticristiano. Porque ello es indudable que el Etwas nouménico y la cosa en sí de nuestro filósofo, se convierte fácilmente en la sustancia única del panteísmo, en el Yo creador de Fichte, en el Absoluto de Schelling, en la Idea de Hegel, en la Voluntad de Schopenhauer y en lo Inconsciente de Hartmann, transformación hacia la cual gravita también espontáneamente su teoría de lo sublime, teoría que diviniza al hombre concediéndole una razón infinita, bien así como su opinión acerca de la posibilidad de una intuición inmediata, intuición transformada fácilmente por Schelling en intuición intelectual y en método filosófico.

Si he hablado de gérmenes y tendencias materialistas en la filosofía de Kant, es porque entiendo que entre esa filosofía y la materialista existen relaciones de afinidad, sobre las cuales no se ha fijado bastante la atención. Sin contar la parte de influencia indirecta y ocasional que corresponde al movimiento kantiano sobre el movimiento materialista de nuestros días, como reacción provocada por las exageraciones del idealismo germánico,[22] que arranca de la filosofía de Kant, ésta abre fácil entrada al materialismo:

«La foi au point de vue moralement pratique à done une valeur morale encore, parce qu'elle renferme une libre adhésion, le credo des trois articles de foi de la raison pratique pure... ce credo, dis je est une libre croyance sans la quelle il n'y aurait aucune valeur morale...

«Ce n'est pas un enseignement objetif de la réalité de leurs objéts, réalité impossible en effet par rapport au sursensible; ce n'est qu'un enseignement subjetif, d'une valeur pratique, il est vrai, et qui suffit à cet egard. Il apprend à agir comme si nous savions que ces objets sont réels.» Prolegomènes à toute metaph. future, traduc. Tissot, pág. 379.

22 Los que vienen siguiendo con atenta mirada el movimiento histórico de la filosofía novísima, saben demasiado que el materialismo contemporáneo representa un movimiento de reacción contra el idealismo iniciado por Kant y desarrollado por las escuelas varias que de su filosofía nacieron. Cansado y saturado el espíritu humano de esas grandes construcciones idealistas, que se suceden unas a otras a contar desde el autor de la Crítica de la razón pura, se precipitó con avidez en las afirmaciones positivistas; el determinismo absoluto y la hipótesis materialista adquirieron crédito inmerecido, merced a la aversión producida en la opinión pública contra esa serie de hipótesis y concepciones metafísicas a

1.º Cuando afirma la importancia de la razón para demostrar la sustancialidad, la simplicidad, la inmortalidad del alma humana y hasta la existencia de Dios.

2.º En fuerza de su teoría acerca de la teleología inmanente, teoría que lleva consigo la negación de las causas finales y la sustitución real del concepto de evolución al concepto de creación.

---

priori; porque existe en el espíritu humano una especie de tendencia misteriosa a extremar la reacción, ora se trate del método, ora se trate del contenido de la ciencia. Afortunadamente, en la misma Alemania, teatro principal de esta doble tendencia exagerada y falsa, viene realizándose de algún tiempo a esta parte un movimiento de restauración, que representa la conciliación de las dos tendencias y escuelas opuestas en lo que tienen de razonable y sólido. Entre los principales promovedores de este movimiento, que tiende a depurar y armonizar el método idealista y el método de observación, la psicología tradicional y metafísica, y la psicología empírica y científica, pueden citarse los siguientes con algunas de sus obras:

Fichte (Emmanuel Herrmann) en sus *Sätze sur Vorschule der Theologie. Die Idee der Persönlichkeit und der individuellen Fordauer. Anthropologie. Psicologie, dir Lhere von dem bewustem Gericht des Menschen.*

Ulrici (Herrmann), que escribió, entre otras obras relacionadas con el punto de vista indicado, las siguientes: *Glauben und Wissen, Speculation und exacte Wissenschaft. Gott un der Mensch. Leib und Seele*, y posteriormente, Gott und Natur.

Chalybaüs (Henri Moritz) en su Wissenschafslehre y en su Philosophie und Christenthum. Weisse (Christ. Herrm.) que es uno de los que más trabajaron en unión con el citado Ulrici para aproximar la filosofía a la idea tradicional cristiana y para combatir las teorías materialistas, según se echa de ver en su *Die Idee des Gottes*, en su *Grundzüge der Metaphisik y en su Dogmatik oder Philosophie des Christenthums.*

Siguieron o siguen esta misma tendencia ecléctica o intermedia entre el idealismo absoluto y el empirismo exagerado, además de Fischer, en su *Die Unwarheit des Sensualismus und Materialismus*, y además también de Braubach en su *Kohlerglaube und Materialismus*, Weber, Carus, Fechner, Lotze, Czolbe, con otros varios, si bien algunos de ellos se acercan demasiado, ora al panteísmo, ora al sensualismo y aun al positivismo materialista. Esto sin contar a Görres, Staudenmayer y otros filósofos católicos; y sin contar tampoco a Baader, cuyas teorías filosóficas tienen bastantes puntos de contacto con la filosofía cristiana.

Baader, no solamente rechaza el autonomismo racionalista de Kant y el panteísmo de sus discípulos, sino que admite y afirma el teísmo personal, la distinción real y sustancial entre el mundo y Dios, la existencia y consecuencias del pecado original, la creación *ex nihilo*, el origen y la sanción de la ley moral en Dios.

3.º Cuando enseña que los conocimientos e ideas del entendimiento puro carecen de valor objetivo, y que solo entrando en la esfera de las intuiciones sensibles o de la experiencia adquieren realidad objetiva y valor científico.[23]

Y 4.º principalmente, cuando admite la posibilidad de que el *Etwas* nouménico, o sea el mundo externo, causa y sujeto de los fenómenos sensibles que afectan al yo, sea al propio tiempo el sujeto del pensamiento.[24]

En presencia de estas indicaciones, bien se puede afirmar que el ateísmo contemporáneo, en sus varias formas científicas y en sus aplicaciones sociales, representa una evolución lógica de la filosofía de Kant, toda vez

---

23 Sabido es, en efecto, que una de las tesis fundamentales del filósofo de Koenisberg, y principalmente de su Crítica de la Razón pura, consiste en afirmar que las categorías e ideas de la razón, por más que sean principios reguladores y formas a priori del conocimiento, nada nos enseñan acerca de la realidad de los objetos, a la cual solo podemos llegar en la experiencia y por medio de la experiencia. En sus Prolegómenos a toda metafísica futura, el mismo Kant dice que toda la Crítica de la razón pura se resume en la siguiente proposición: «La razón, con todos sus principios a priori, nada nos enseña más que con los simples objetos de la experiencia posible, y aún acerca de estos objetos nada más que aquello que puede ser conocido en la experiencia.

«Todo conocimiento de las cosas, añade en otra parte, que proviene del entendimiento puro o de la razón pura, no es más que una simple apariencia, y la verdad no se encuentra más que en la experiencia.»

Parécenos que el positivista más exigente nada más puede pedir, y que aquellos partidarios del positivismo materialista que se dan a sí mismos el nombre de representantes del neo-kantismo, tienen sobrada razón para ello.

He aquí otro pasaje no menos favorable al positivismo materialista: «Les êtres intelligibles sont donc reconnus, mais avec la restriction expresse, et qui ne souffre pas d'exception, que nous ne savons absolument rien de positif de ces êtres intelligibles purs, que nous n'en pouvons rien savoir, parce que nos concepts intellectuels purs, ainsi que nos intuitions pures, ne se rapportent qu'aux objets de l'experience possible, aux seuls êtres sensibles par consequent, et qu'aussitot qu'on en sort, ce notions n'ont plus la moidre valeur.» Prolegom. à toute metaphys, future, trad. Tissot, pág. 102.

24 Véase en prueba de esto el siguiente pasaje, tomado literalmente de la Crítica de la razón pura: «Diesses unbekannte Etwas welches den ausseren Erscheinungen zu Grunde liegt, was unsern sinn so afficirt, dass er die Vorstellungen vom Raum, Gestalt, Materie, bekommt, diesses Etwas konnte doch wolh zugleich das subject der Gedanken sei, wiewohl wir durch die Art, wie unser ausserer sinn dadurch afficir wird, keine Amschaung von Vorstellung, Willen, u. z. w., sonder bloss vom Raum und dessen Bestimmungen bekommen.»

que de esta filosofía arrancan las dos grandes fases de la filosofía novísima, el movimiento panteísta y el movimiento materialista, cuyo contenido real y sustancial se identifica, como es sabido, con el contenido de la fórmula atea. Aunque esta sola observación envuelve realmente la demostración de mi tesis bajo el punto de vista del movimiento filosófico racionalista iniciado por Kant, no estará por demás robustecer y ampliar esa demostración, echando una rápida ojeada sobre los principales sistemas al calor de esa filosofía nacidos y desarrollados.

Para el autor de la Crítica de la razón pura, todo es subjetivo en el hombre y para el hombre, a excepción del mundo externo, considerado como una cosa en sí, pero cuya naturaleza desconocemos, como un *Etwas* nouménico de esencia ignorada e incomprensible para nosotros. El panteísmo egoístico de Fichte es el desarrollo lógico del subjetivismo de su antecesor. El noumeno, lo mismo que el fenómeno, es una manifestación del sujeto. No hay razón alguna para que éste sea principio activo y apriorístico del espacio y del tiempo, de las ideas y categorías, y no lo sea de la realidad objetiva. Luego el yo, principio creador de las formas a priori y de las categorías del conocimiento y de la ciencia, es también el principio creador del no yo: luego el yo es la cosa en sí; es la X misteriosa que atormentaba el espíritu de Kant; es la realidad nouménica y absoluta, de la cual el yo empírico y el no yo, el mundo subjetivo y el mundo objetivo, son meras fases y manifestaciones.

El yo puro, o, mejor, la yoidad (*die Icheit*), al poner su actividad creadora en y por los yos individuales, pone, afirma y crea el mundo externo y el mundo interno, el mundo físico y el mundo moral, y este mundo u orden moral es lo único que podemos apellidar Dios; porque «la idea de un Dios personal, nos dice Fichte, el Dios exterior al mundo de la antigua metafísica, no es más que un ídolo inventado por la debilidad humana, y los esfuerzos de Kant para restablecer en nombre de la razón práctica lo que había destruido por medio de la razón teórica, son tanto más infructuosos, cuanto que se hallan en contradicción con los principios mismos de su crítica».[25]

---

25 Appel au public sur l'accusation d'atheisme, apud Scholten, Manuel d'Hist. comp. de la Philos. et de la Relig., pág. 111.

Así, pues, para Fichte no hay más Dios que el orden moral,[26] o sea la libertad que se realiza progresivamente en la sociedad humana, por medio de todos y cada uno de los yos empíricos. Que si a esto se añade que el autor de la Crítica de toda revelación asienta paladinamente que la idea de Dios, como sustancia especial o distinta de las demás, es imposible, y hasta contradictoria (der Begriff von Gott als einer besondern Substanz unmöglich und widersprechend ist), resultará evidente que el panteísmo de Fichte se resuelve fácilmente en explícito ateísmo. Después de esto, Leroux, y Feuerbach, y Heine, y Littré, y Proudhon, y Robinet, ya pueden proclamar en nuestra presencia que no hay más Dios que el yo humano, ni más sustancia divina que el hombre, ni más religión que la humanidad y su culto: porque Fichte se ha encargado de demostrar que las teorías humanitarias, materialistas y ateas de nuestro siglo son evolución lógica del criticismo del filósofo de Koenisberg.

Los sistemas de Schelling y de Hegel, los mismos que en unión con el de Fichte constituyen las tres manifestaciones o desarrollos capitales de la filosofía de Kant, llevan en su seno el materialismo, como germen y tendencia lógica, y el panteísmo ateo como esencia. El Etwas nouménico de Kant, y el Yo puro de Fichte, se convierten para Schelling en el Absoluto, especie de ser neutro e indiferente, que contiene en sí la realidad y sustancia de todas las cosas, sin ser ninguna de ellas determinadamente. Es el Unum de los neoplatónicos alejandrinos, indefinido, inenarrable, incomprensible, que es a la vez naturaleza y espíritu, pensamiento y materia, objeto y sujeto, hombre y Dios, yo y no yo. Es la realidad única y absoluta, en la cual desaparece toda contradicción, toda diferencia, toda oposición; es, para decirlo de una vez, la identidad de los contrarios; porque éstos no son más que aspectos parciales del Absoluto, el cual, por medio de evoluciones graduales y paralelas, se revela como naturaleza y como espíritu, como pensamiento y como objeto. Así es que todo es movimiento, progreso, organismo y vida en la naturaleza. La materia bruta contiene el germen del reino vegetal; el reino animal es el

---

26 La significación de estas palabras coincide perfectamente con el pensamiento que expresa el siguiente pasaje, tomado literalmente de su Kritik aller Offenbarung: «Die lehendige und wirkende moralische Ordnung ist selbst Gott; wir bedürfen keines andern Gottes und konen keinen andern fassen: el orden moral viviente y real es Dios mismo, no necesitamos de ningún otro Dios, ni podemos concebir otro.»

desenvolvimiento espontáneo del vegetal; el magnetismo y la sensibilidad son manifestaciones de una misma fuerza; el cerebro es el último momento de la organización material. Creo excusado llamar vuestra atención sobre la afinidad que existe entre estas afirmaciones de Schelling y la doctrina profesada por las escuelas materialistas y positivistas de nuestros días, afinidad reconocida generalmente por los historiadores de la filosofía, sin excluir a los admiradores del filósofo alemán,[27] y hasta indicada en los títulos de alguna de sus obras.[28]

Que las relaciones de afinidad que existen entre la teoría hegeliana y el positivismo materialista son más íntimas y directas, si cabe, que las que se descubren en Schelling, es una verdad que solo podrán poner en duda los que desconozcan el organismo científico y el contenido real de esta teoría. Porque, Señores, panteísmo, pero panteísmo esencialmente ateo, es preciso reconocer en el fondo de esa gigantesca construcción que, partiendo de la nada, o si se quiere de la pura potencia, de la nuda potencialidad del ser, nos conduce, sobre la ruina del principio de contradicción, sobre la tesis de la identidad del ser y de la nada, a un Dios que se objetiva y condensa en la humanidad; a un Dios que solo tiene conciencia de sí en el hombre y por el hombre; a un Dios que, antes de apellidarse tal, es fatalmente impulsado por la ley dialéctica a pasar por medio de una serie de transformaciones sucesivas y ascendentes, desde la materia inorgánica hasta el cerebro del hombre, desde el espacio puro hasta los grandes cuerpos siderales, desde la fuerza química y la vida vegetal hasta la inteligencia del hombre; a un Dios, en fin, que jamás puede llegar a ser realmente Dios, toda vez que es indefinida y

---

27 Pueden verse, entre otros, Weber y Scholten. El primero, después de señalar dos tendencias radicalmente diferentes en la filosofía de Schelling, escribe que la segunda de ellas, *réaliste et positiviste mène a l'empirisme contemporain*. Hist. de la Phil., pág. 424.

El segundo confiesa que la naturaleza, según teoría de Schelling, *traverse les differentes phases de l'existence inorganique, de la vie organique et qu'elle continue sa procesion dans la vie spirituelle de l'humanité*. «La philosophie de la nature de Schelling, añade el mismo autor, reproduit au fond, bien que sous une forme très superieure, la doctrine du devenir éternel de Heraclite.» Man. cit. págs. 117-120.

28 Una de las primeras publicaciones de Schelling lleva por título: «El alma del mundo, *Die Weltseele*, en la cual se intenta probar que el mundo es un desarrollo del Absoluto, punto central e intelectual del mundo de sus efectos y manifestaciones varias, y por consiguiente, alma del mismo.»

eterna su elaboración: Deus est in fieri. Porque el Dios de Hegel no es siquiera el ser absoluto de Schelling, ni el yo puro de Fichte: es el movimiento mismo; es la sucesión indefinida; es la generación perpetua de las cosas, del Absoluto, de Dios, el cual, por consiguiente, nunca existe ni puede existir como ser permanente, sino como elaboración sempiterna: Deus est in fieri.

El error, pero el error en sus formas más brillantes, es el mayor castigo de la razón humana, cuando, arrastrada por la ola de la soberbia, va a estrellarse contra el trono del Altísimo. Tal es el pensamiento que surge espontáneamente en presencia de ese panteísmo brutalmente ateo, que representa y sintetiza el esfuerzo titánico de Hegel, de uno de los genios más poderosos que vieron jamás los siglos. Porque ello es cierto que el panteísmo más explícitamente materialista es la última palabra y el contenido real de esa concepción, que produce vértigos por su originalidad rítmica, por sus vastas proporciones como sistema filosófico, y por su unidad fascinadora; de esa soberbia y colosal pirámide de los tiempos modernos, que, a pesar de tener la nada por base, y por cúspide la negación de Dios, como hemos dicho en otra parte, es, sin embargo, la revelación más sorprendente del alcance y poderío de la razón humana, y revelación también de que, bajo las inspiraciones de la idea cristiana, el Aristóteles de los tiempos modernos, el profeta panlogista de la Idea, hubiera podido ser el Santo Tomás del siglo XIX.

Si el somero análisis que de las teorías incubadas por el criticismo de Kant acabo de hacer, no se refiriera precisa y exclusivamente al panteísmo en dichas teorías contenido, entraría aquí a analizar la teoría krausista, no ciertamente por su importancia real o interna, al lado de los nombres de Fichte, de Schelling y Hegel, sino a causa de la que por circunstancias accidentales alcanza hoy en nuestra patria. Mas como quiera que en otras ocasiones me he ocupado en el krausismo, precisamente desde el punto de vista de su contenido panteísta,[29] me limito aquí a indicar que lo que constituye el fondo de la filosofía de Krause, es un panteísmo ecléctico, en el cual, al lado de reminiscencias pitagóricas, platónicas y origenistas acerca del origen y modo de ser de las almas humanas, ocupan lugar preferente el dualismo absoluto de Descartes, las teorías de Espinosa y de Schelling,

---

29   Estudios religiosos, filosóficos, etc. t. I.

sin contar sus afinidades teúrgicas con la escuela pagana de Alejandría.[30] Con lo cual dicho se está que ni por su originalidad, ni por su verdad merece la importancia que alcanza hoy[31] en nuestra patria, y que, como toda concepción panteísta, entraña la negación del teísmo verdadero, del teísmo personal, creador y trascendente del Cristianismo.

Conveniente sería para la confirmación de mi tesis entrar ahora en consideraciones críticas acerca de otros filósofos y escuelas, que representan el desarrollo de los gérmenes panteístas y materialistas que la filosofía de Kant llevaba en su seno. Pero no permitiendo esto la índole de este discurso, y en la necesidad de pasar en silencio los nombres y sistemas de Schleiermacher, Herbart, Schopenhauer, Hartmann y algunos otros, llamaré vuestra atención acerca de la fecundidad que para el mal y el error encierra esa misma filosofía.

Al lado del movimiento panteísta, la filosofía de Kant dio origen al movimiento crítico y al movimiento positivista contemporáneo, siendo digno de notarse que este triple desarrollo del criticismo trascendental y las tres escuelas que le representan, la escuela panteísta, la escuela crítica y la escuela materialista, aunque por diferentes caminos y bajo diferentes fórmulas, convergen todas hacia el ateísmo. El panteísmo lleva consigo la negación del Dios real, verdadero y personal de la recta razón y del Cristianismo: la escuela crítica, legítimo desarrollo del elemento escéptico-idealista contenido en la filosofía de Kant y aplicación lógica del subjetivismo de la idea metafísica y del apriorismo de las categorías de la razón, afirma por boca de sus principales representantes que lo que el vulgo llama Dios, el Ser infinitamente perfecto, anterior, superior al mundo, con existencia real y personal, distinta de la existencia de los seres que integran el Universo, es una mera categoría ideal, es una pura abstracción, viejas palabras,[32] tomadas de la antigua filo-

---

30 Véase el Apéndice.

31 Téngase presente que este discurso se escribió en 1874, cuando predominaba la influencia científica y hasta política del krausismo, que hoy parece hallarse en descenso.

32 Este pensamiento de Renan, que alguna vez aparece como velado y atenuado por los matices propios de su estilo, preséntase a las claras en otros pasajes de sus escritos, pero con especialidad en el *Avenir de la Metaphisique* y en los *Études d'histoire religieuse*. He aquí el último al que aludimos en el texto: «Dieu, Providence, inmortalité, autant de bons vieux mots, un peu lourds peut-être, que la philosophie interpretera dans des sens de plus

sofía. Esta escuela os dirá también que lo ideal solamente es Dios; que Dios no es otra cosa más que un ideal del pensamiento humano: que ninguna realidad puede ser Dios, porque perfección y realidad envuelven contradicción. El Dios perfecto no es más que un ideal incapaz de realidad objetiva.[33]

---

en plus raffinés, mais qu'elle ne remplacera jamais avec avantage. Sous une forme ou sous une autre, Dieu sera toujours le résumé de nos bésoins suprasensibles, la categorie de l'ideal, c'est à dire, la forme sous laquelle nous concevons l'ideal...» Études d'hist. relig., pág 412. Este pensamiento de Renan, que es en el fondo un pensamiento esencialmente ateísta, se ve reproducido a cada paso en sus escritos bajo diferentes fórmulas. Para el autor del Avenir de la metaphysique, lo que hay de real en Dios como absoluto, se identifica con la humanidad; y considerado el primero como distinto o fuera de la humanidad, es una pura abstracción: *Envisagé hors de l'humanité cet absolu n'est qu'une abstracion.*

33 Vacherot, La Metaphysique et la Science, tomos I y III. Es digno de notarse que el sistema de este filósofo, además del aspecto crítico-idealista que encierra, es a la vez un sistema panteísta y materialista. Para Vacherot no existe mas realidad que el Cosmos, es decir, «el mundo, ser infinito, universal, absoluto, necesario, indestructible en su sustancia, que se basta a sí mismo en todo y para todo». Obra cit., tomo 1, pág. 18. «La ley del individuo, añade, es vivir en el todo y por el todo. Las fuerzas mecánicas y químicas, las de las plantas, la vida de los animales, lo mismo que el pensamiento, constituyen otros tantos grados y movimientos parciales de la vida universal del ser cósmico: la vida del espíritu y el pensamiento tienen por base, por sustancia, la Naturaleza, es decir, son una evolución superior de la virtualidad infinita, que encierra el mundo, ser único absoluto y autónomo, que de evolución en evolución, de progreso en progreso, marcha fatalmente a la manifestación múltiple de la virtualidad indefinida, de la actividad inmanente, que lleva en su seno.» Tal es el pensamiento desarrollado en la citada obra, y con particularidad en el tomo II.
A mayor abundamiento, y como si el autor hubiera querido quitar toda duda acerca del fondo materialista y hasta explícitamente ateísta que encierra su teoría, se apresura a decirnos que para él pensar sin cerebro es un milagro tan grande como sentir sin sistema nervioso: «Perfection et réalité impliquent contradiction. La perfection n'existe, ne peut exister que dans la pensée... Un Dieu parfait, ou un Dieu réel: il faut que la théologie choisisse. Le Dieu parfait n'est qu'un ideal... Quant au Dieu réel, il vit, il se développe dans l'immensité de l'espace et dans l'éternité du temps, il nous apparait sous la variété infinie des formes qui le manifestent: c'est le Cosmos... Pour nous, le Monde n'étant pas moins que l'Être en soi lui-même dans la série de ses manifestations a travers l'espace et le temps, possède l'infinité, la nécessité, l'independance, l'universalité, et les atributs metaphysiques que les théologiens reservent exclusivement a Dieu». La Metaphys. et la Scien., tomo III, págs. 247-48.

A su vez la escuela materialista, preparada por las teorías de Schelling y de Hegel,[34] las cuales, bien así como la teoría crítica, nacieron y se desarrollaron al calor y bajo las inspiraciones de la filosofía de Kant; fomentada por el atomismo cósmico-psíquico de Herbart, y favorecida especialmente en sus tendencias y propósitos por la teoría positivista y semiatea de Schopenhauer,[35] creyó llegada la hora de arrojar la máscara y de levantar

---

34 Para Schelling, el absoluto dormita en la planta, sueña en el animal y despierta en el hombre.

Para Hegel, el espíritu y la naturaleza o el mundo de los cuerpos, la materia y el pensamiento, son evoluciones sucesivas y graduales de la misma realidad. La Idea-espíritu representa un aspecto parcial, una evolución superior de la Idea-materia. Fácil es reconocer que es muy pequeña, por no decir nula, la distancia que separa la Idea-materia y la Idea-espíritu de Hegel, de la fuerza y materia de Büchner.

35 Herbart y Schopenhauer, en efecto, pueden y deben ser considerados como representantes y promovedores especiales de la evolución materialista, nacida del criticismo trascendental, en atención a que sus teorías filosóficas, sin ser explícitamente materialistas, al menos la de Herbart, encierra, no obstante las premisas naturales y legítimas del materialismo. Porque la verdad es que no se halla muy lejos del materialismo una teoría en que se enseña, como sucede en la de Herbart, entre otras cosas, que las ideas de causalidad y de inherencia se hallan en contradicción con la realidad objetiva de las cosas; que éstas, es decir, los objetos externos son un conjunto o colección de propiedades (Locke, Hume), cada una de las cuales es un ser real, absoluto, independiente y simple: que el yo no es una sustancia dotada de diferentes cualidades, como las de sentir, pensar, querer, sino un ser con una sola facultad o función, que es la de conservar su unidad original; que el pensamiento es el resultado de la lucha o conflicto que el yo experimenta al ejercer su única función con respecto a los diferentes objetos que le rodean; que, por consiguiente, dicho pensamiento no es una facultad o fuerza primitiva e irreductible del yo; que el sentimiento es un pensamiento comprimido por otros pensamientos más enérgicos, así como la libertad moral no es más que el predominio del pensamiento reflejo sobre el sentimiento. De esta manera, la moral se resuelve en una cuestión de equilibrio entre el pensamiento y el sentimiento; bien así como el problema cosmológico se resuelve en un problema mecánico, el pensamiento en una transformación de la facultad única e innominada del yo.

Añádase a esto que, para Herbart, la fisiología y la biología radican en la plasticidad interior de la materia, la cual da origen a la irritabilidad y sensibilidad. Más todavía: la posibilidad o la razón suficiente de la vida orgánica, es el encuentro fortuito de lo que el filósofo de Oldemburg apellida seres reales simples; es decir, de los átomos: *Auch die irritabilität und sensibilität folgt aus der innern Bildsamkeit der Materie. Das zuffällige Zussammentressen einfacher realer Wesen begründet nur die allgemeine Möglichkeit eines organischen Lebens. Apud Fried. Veberweg. Grundriss der Gesch. der. Phil.*, tomo III.

bandera en favor de la tesis materialista y atea, como desarrollo legítimo del racionalismo germánico.

Así es que, al lado y en pos de la teoría atomística de Herbart, de la filosofía ateológica de Schopenhauer, de la concepción panteístico-pesimista de Hartmann, del teísmo nominalista de Vacherot y Renán, derivaciones más o menos inmediatas de la filosofía de Hegel y del criticismo kantiano, aparecen en la escena el positivismo de Comte y el transformismo de Darwin, para

---

En nuestra opinión, sin embargo, todavía se halla más cerca del materialismo Schopenhauer que Herbart. Porque no es posible dejar de reconocer tendencias y afinidades materialistas en esa extraña teoría, según la cual una voluntad misteriosa e impersonal, que por un lado se aproxima a la idea Hegeliana y por otro al Nirwana del Budhismo, produce el universo y cuanto éste contiene, desde el átomo hasta el espíritu y el pensamiento. El mundo, con todos sus seres, no es más que esa voluntad universal que se objetiva sucesivamente y por grados. Lo que se apellida voluntad libre en el hombre, es una evolución o manifestación superior de la misma voluntad que en la planta y en el animal se apellida irritabilidad; se identifica a parte rei con una fuerza inconsciente y fatal, que da origen al crecimiento de la planta, a la digestión, a la circulación de la sangre y a la sensación en el animal; a la conciencia, a la libertad y al pensamiento en el hombre. La organización en los animales es el resultado de su voluntad (instintos y deseos animales), de manera que las alas del pájaro son efecto de la voluntad o deseo de volar preexistente en él: la voluntad de vivir produce el organismo, y las diferentes manifestaciones y funciones de éste son el resultado y la expresión de una finalidad inmanente, siendo inútil recurrir a una inteligencia creadora, ni a la teoría de las causas finales (escuela jónica, cartesianismo, positivismo contemporáneo), para explicar estos fenómenos. La tendencia innata al ser, el deseo o voluntad de existir, origen de esta diversidad de organismos, da ocasión a la lucha que para conservar esta existencia (darwinismo), mantienen entre sí los seres múltiples del universo. La voluntad humana está sujeta a un determinismo absoluto, lo mismo que la naturaleza: nuestros actos son determinados por los motivos de una manera necesaria e inevitable (Hobbes, determinismo) lo mismo que los actos de los animales. Para Schopenhauer, el alma humana es un estado y no una sustancia, y es tan imposible pensar sin cerebro como digerir sin estómago.

Si es incontestable que el ateísmo es la consecuencia lógica e inmediata del materialismo, nadie extrañará que, en vista de esta doctrina del filósofo de Dantzig, esencialmente materialista, hayamos dicho en el texto que su teoría es semi-ateísta. A mayor abundamiento, Schopenhauer profesa el principio de que la filosofía es esencialmente ateológica, y que nada sabe acerca de un Dios personal distinto del mundo o superior a éste. El teísmo, añade nuestro filósofo, es un resultado de la educación, y si al niño no se le hablara nunca de Dios, no alcanzaría noción alguna de éste: *Der Theismus ist anerzogen. Man sage einem Kinde nie etwas von Gott vor, so wird er von keinem Gott wisen.*

proclamar en alta voz que entre el hombre y los animales no existe diferencia alguna esencial, y sí únicamente de grados; y esto sin excluir la misma unidad del yo y la personalidad consciente;[36] que la noción del derecho es una noción inmoral y anárquica, así como la noción de causa es una noción sofística y antirracional;[37] que la teología, y por consiguiente la realidad objetiva de Dios, que constituye su objeto y su contenido, es una ficción; la metafísica y la inmortalidad del alma un sueño, y que no hay más Dios ni más religión que la humanidad y su culto.[38]

---

36 «La fameuse théorie du moi, escribe Comte, est essentiellement sans objet scientifique... Peut-être chez les animaux superieurs le sentiment de la personalité est il encore plus prononcé que chez l'homme... Il n'y a lieu d'établir réellement entre l'humanité et l'animalité aucune autre différence essentielle, que celle du degré plus ou moins prononcé que peut comporter le développement d'une faculté necessairement commune par la nature à toute vie animale.» Cours. de Philosophie, tomo III. Systèm. de politique positive, tomo I.

37 «Le mot droit doit être autant écarté du vrai langage politique, que le mot cause du vrai langage philosophique. De ces deux notions théologico-métaphysiques l'une est desormais immorale et anarchique, comme l'autre irrationelle et sophistique.» Comte, Système de polit. posit., Discurso preliminar.

    La teoría moral de Littré, el discípulo más fiel y aprovechado de Comte, se halla en perfecta armonía con estas ideas de su maestro. Sabido es que, para Littré, el sentimiento egoísta y el sentimiento altruista, o, si se quiere, el egoísmo y el altruismo, representan y constituyen la moral. Y como quiera que para el filósofo francés el egoísmo y el altruismo no son más que evoluciones y aplicaciones del instinto nutritivo y del instinto sexual, resulta que en realidad de verdad la nutrición y la generación son los elementos esenciales y generadores de la moral. Como se ve, el positivismo entra aquí de lleno en el terreno materialista, y Littré no tiene derecho a reservas y distingos en esta materia, sobre todo después de haber escrito que el cerebro es el órgano elaborador de los sentimientos morales, y después de escribir su estudio para probar los orígenes orgánicos de la moral.

38 Comte, Systèm de polit. posit., tomo I y tomo III, passim. Creo inútil recordar que esta doctrina de Comte es profesada también por los demás partidarios del positivismo, sin excluir a los menos exagerados. Así vemos por ejemplo, a Littré, que nos dice con toda gravedad que «todo el trabajo de la ciencia ha tenido por resultado demostrar que no hay lugar en parte alguna para la intervención de los dioses de ninguna teología»; añadiendo en seguida que «lo mismo sucede con la opinión concerniente a la perpetuidad de los individuos después de la muerte.» (Conservation, Revolution et Positivisme, par E. Littré, págs. 122-123.)

    Por lo demás, semejantes afirmaciones están en armonía con las siguientes palabras del mismo autor: «Le plus ferme précepte de la philosophie positive est d'abandoner toute recherche sur le commencement et la fin des choses.» (Ibíd., pág. 128.)

Por su parte, el darwinismo no se contenta ya con las afirmaciones algún tanto reservadas del positivismo, sino que, a la sombra de la teoría transformista, busca los progenitores del hombre en el simio y hasta en la célula vital o prototipo primitivo, que aparece sobre la tierra sin razón suficiente, cual misterio inexplicado e inexplicable, mientras que por otro lado destruye y niega la idea de Dios, como destruye y niega la ley moral, el deber y la justicia como caracteres distintivos del hombre, para terminar en la negación explícita de la libertad humana,[39] y en la afirmación no menos explícita

Por su parte, Robinet nos dice terminantemente que no hay más que un positivismo, y este es la religión de la humanidad. Robinet, *Notice sur l'oeuvre et sur la vie d'Aug. Comte.*

En este escrito enseña también Robinet, en armonía con la doctrina de su maestro acerca de la glorificación de los muertos por medio de la incorporación al Gran Ser, que no es otro que la colectividad humana, que esta glorificación es pleno equivalente de las vanas esperanzas que animan a los fieles de otros cultos.

39 Nadie ignora, en efecto, que Häckel, uno de los principales discípulos y admiradores de Darwin, afirma que «la voluntad nunca es libre, sino que siempre es determinada por influencias externas o internas.» *Natürliche Schöpfungsgesch*, pág. 242.

Sabido es igualmente que, según Darwin, la humanidad primitiva no tuvo idea alguna de Dios, debiendo su origen esta idea a la interpretación inexacta de los sueños, a las alucinaciones de la imaginación, movimiento de las sombras, etc., y que los sentimientos, los deberes y las virtudes morales son una nueva transformación de los hábitos o instintos de los animales. El que quiera convencerse de esto puede consultar la obra del naturalista inglés *The descent of man*, y especialmente los capítulos II, III, V, VI, XX y XXI. En gracia de la brevedad, me concreto a extractar los siguientes pasajes, relativos a la identidad esencial y genealógica entre el hombre y los animales, tesis fundamental del darwinismo, y premisa necesaria de las afirmaciones a que se alude en el texto:

«La diferencia que bajo el punto de vista intelectual separa al hombre de los animales superiores, por grande que sea, es ciertamente una diferencia de grado y no de naturaleza.» Obr. cit., tomo I, pág. 105.

«Por sus hábitos, nuestros progenitores eran sin duda animales trepadores, que habitaban un país cálido y poblado de bosques. Los machos estaban provistos de grandes colmillos que les servían de terribles armas.» Ibíd.., pág. 206.

«No es posible poner en duda, concluye, que el hombre es un vástago de una clase de monos perteneciente al mundo antiguo, y que bajo el punto de vista genealógico debe ser clasificado con la división de los simios catarrinos.» Ibíd.., pág. 126.

Como no podía menos de suceder, las tímidas reservas de Darwin con respecto al primer origen de la vida desaparecieron pronto en manos de sus discípulos y admiradores, los cuales buscaron en el mundo inorgánico el origen y razón suficiente del mundo orgánico y de la vida, como el naturalista inglés había buscado en el reino animal el origen y razón

de que el espíritu humano no es más que una fase evolutiva de la materia inorgánica.[40]

He aquí las premisas inmediatas de ese materialismo ateo que se levanta de todos los puntos del horizonte, enviando hasta nosotros la palabra fatídica de Vogt y Büchner, de Royer y Moleschott, de Kunis, Dühring y Haeckel;[41] palabra cuyo eco natural y lógico es la palabra ultra-ateísta de Proudhon.

---

suficiente del hombre. Así, para Dubois-Reymond, «la vida no es más que una situación de moléculas en un estado de equilibrio más o menos estable, una circulación de la materia, producida, bien sea por las fuerzas de tensión que le son propias, bien sea por algún movimiento del exterior».

40 «Donc la matière inorganique», escribe Clemencia Royer, cuyo entusiasmo darwinista es bien conocido, «se meut, agit; et dès qu'elle s'organise, elle vit, elle sent, elle pense. Cherchons par quelles phases evolutives elle a dû passer pour arriver à produire cet instrument... que s'apelle l'esprit humain.» *Origine de l'homme et des sociétés*, pág. 27.

41 Las doctrinas más o menos explícitamente materialistas y ateístas de estos y de algunos otros autores que pudieran citarse, son ya tan conocidas y se hallan tan vulgarizadas, que me creo dispensado de transcribir o citar sus palabras. Si alguien abrigara duda sobre el particular, puede consultar, entre otras, las obras siguientes: Phisiologische Briefe, de Carlos Vogt, y también sus *Vorlesungen über der Menschen, seine Stellung in der Schöpfung und in der Geschichte der Erde*, y también la *Circulation de la vie*, por Moleschott.

Las obras de Büchner y de Clemencia Royer son demasiado conocidas para que sea necesario citarlas, y así solo haré mención, a causa de su afinidad y relaciones directas con el darwinismo, de la que el primero publicó en 1868 acerca de la teoría darwinista relativamente a la transformación de las especies y primer origen del mundo orgánico: Sechs Vorlesungen über die darwinische Theorie von der Verwandlung der Arten und die erste Enstchung der Organismenwelt, Leipzig, 1868.

Por lo que hace a Kunis y Häckel, basta citar la Razón y Revelación (Vernunft und Offenbarung) del primero, y la Generelle Morphologie der Organismen del segundo, bien así como su Naturliche Schöpfungsgeschichte.

Ni se crea que son estos los únicos escritores que han levantado su voz en favor del materialismo; pues, sin salir de Alemania, encontraremos por un lado a Jäger y Braubach, haciendo aplicación de las teorías darwinianas a la moral y la religión, y por otro a Löwenthal, esforzándose en aplicar a la religión el naturalismo materialista. System und Gesch. der Naturalis. Leipzig, 1868. Eine Religion ohn Bekenntniss, Berlín, 1865, mientras que Czolbe enseña y profesa un sensualismo esencialmente materialista, puesto que se trata de un sensualismo que afirma que no existe ser alguno suprasensible, que la materia es eterna; que la percepción y el sentimiento son movimientos de la materia, con otras afirmaciones análogas contenidas en su Nueva presentación del sensualismo, y en la que lleva por título: Die Grenzen und der Ursprung der menschlichten Erkkentniss.

Porque ello es cierto que cuando el autor del Sistema de las contradicciones económicas hace reteñir nuestros oídos proclamando a la faz de la Europa que Dios es el mal, pone lógico y natural coronamiento al edificio racionalista de los tiempos modernos.[42] Si D'Holbach y Lametrie representan la última evolución del racionalismo cartesiano, Büchner y Proudhon representan la última evolución del racionalismo de Kant.

Y sucedió entonces, Señores, que esa filosofía anticristiana, que en nombre de la razón y de la ciencia acusaba a la Iglesia de desconocer la igualdad de los hombres, la fraternidad universal y el amor de la humanidad, concluyó por negar esa misma igualdad y fraternidad de los hombres; concluyó por enseñar y predicar el abandono y la muerte, por no decir el asesinato de los débiles y desgraciados. Que esto y no otra cosa representa la ley darwinista de la selección aplicada a la humanidad, por confesión de sus más fervientes adeptos.[43] Y esta filosofía, que abandonó el espiritualismo cristiano en

---

Pero entre los representantes más recientes del materialismo en Alemania, merece lugar preferente Dühring. Su curso de filosofía, o exposición rigurosamente científica de los principios que deben servir para la explicación del mundo y para la dirección de la voluntad, es acaso la más notable, completa y científica que se ha escrito en nuestros días desde el punto de vista materialista. En ella no se trata solo de establecer y enseñar con toda crudeza la tesis materialista en el terreno metafísico, cosmológico y psicológico, sino de desenvolver y aplicar las consecuencias lógicas de la misma tesis a las ciencias morales, sociales y políticas. En esta parte Dühring tiene el mérito de la lógica, y sobre todo el mérito de la franqueza y claridad; pues si enseña el determinismo absoluto, y si niega la libertad humana, y si condena todo culto religioso, y si acepta y recomienda el socialismo comunista con todas sus consecuencias, la verdad es que todas estas doctrinas y otras análogas del filósofo alemán, no son más que derivaciones y aplicaciones lógicas de la tesis central del materialismo.

42   Système des contradic. économ., tomo I.

43   Sabido es, en efecto, que, según Clemencia Royer, uno de los vicios que deforman nuestra moral religiosa es esa piedad, esa caridad, esa fraternidad en que nuestra era cristiana coloca el ideal de la virtud social, y que nos lleva a dispensar una protección irracional a los débiles, a los enfermos, a los incurables, a los malos. Este vicio, a sea la protección y cuidados que se dispensan a los desgraciados de cuerpo o de espíritu, deben desaparecer, puesto que se oponen a la ley de selección natural aplicada a la humanidad. Esto equivale a decir, en buenos términos, que los que se dedican a la práctica de la caridad en favor de los enfermos y desgraciados de todo género, cometen pecado contra la naturaleza humana: que el abandono y la muerte consiguiente de los débiles y enfermos en el

demanda de superiores espiritualismos y de más vastos horizontes, descendió por gradaciones sucesivas, pero lógicas, hasta el fango de la materia y hasta la blasfemia del ateísmo. Y esa filosofía, en fin, que, en nombre de la independencia autonómica de la razón humana, pretendió escalar el cielo y sentar su trono cabe el trono del Altísimo, comenzó divinizando al hombre y proclamando su identidad sustancial con Dios, para concluir afirmando su identidad sustancial, no ya solo con el simio trepador del bosque tropical, sino con el protoplasma albuminoso, eflorescencia espontánea del mundo inorgánico. ¡Con cuánta razón fue dicho por el Maestro divino: *Qui se exaltat humiliabitur!*

Como no podía menos de suceder, dado el carácter, las tendencias y las direcciones fundamentales de la filosofía de Kant, en el fondo de ese triple movimiento de que acabo de hablaros, en el fondo del movimiento panteísta, y del movimiento crítico, y del movimiento materialista, cuyo término final y común es la negación de Dios, viene también envuelto un movimiento esencialmente racionalista, cuyos trabajos y esfuerzos no tienen más objeto que la destrucción y la negación del Cristianismo. La teoría mítica de Strauss con respecto a Jesucristo y los misterios de la Biblia; la crítica escéptica de Renan sobre los orígenes del Cristianismo y la divinidad de su Fundador; Feuerbach, Heine y la izquierda hegeliana condenando y desfigurando el espiritualismo cristiano; las escuelas socialistas predicando la irresponsabilidad moral del hombre y glorificando la carne y sus pasiones; Leroux y Littré afirmando el humanismo y la antropolatría; Schleiermacher y Bunsen reduciendo el Cristianismo a una manifestación variable, arbitraria y libre de la conciencia individual, convergen y marchan todos, bien que por diferentes caminos, a la destrucción del Cristianismo.

---

orden corporal o moral, constituyen un derecho y hasta un deber social; que las naciones europeas deben poner en ejecución las leyes y costumbres de Esparta y de Roma acerca de los esclavos y de los niños; que los asilos de beneficencia, instituciones de caridad, y especialmente los hospitales, deben desaparecer o convertirse en cementerios permanentes.

Nuestra darwinista enseña también que la tendencia a realizar entre los hombres una igualdad imposible, dañosa y contra naturaleza, es una tendencia, generosa acaso, pero evidentemente falsa e incompatible con la teoría de Darwin acerca de nuestro verdadero origen. De l'órig. des espèces, traduc. par Mlle. Clem. Royer, Préface, págs. 56 y 61.

Así se comprende que Strauss, al escribir su libro La antigua y la nueva fe, que es como su testamento científico y reflejo el más exacto de las tendencias fundamentales de la filosofía kantiana,[44] haya podido responder con un no categórico a la cuestión de si somos cristianos todavía. Respuesta es esta muy lógica y natural en boca de quien escribe que el Cristianismo es un principio hostil a la cultura, y que la Religión, lejos de ser un privilegio y una perfección real del hombre, es una debilidad de la naturaleza humana.

Ahora bien, Señores: si es cierto que la filosofía constituye el centro del organismo científico, y que de este centro reciben calor, vida y forma todas las demás ciencias; si las concepciones más abstractas de la metafísica llevan consigo una fuerza superior de expansión y de contagio, en virtud de la cual entran por caminos invisibles en las demás ciencias, en ellas se encarnan y con ellas se compenetran hasta traducirse en hechos e instituciones sociales; nada tiene de extraño, antes es muy natural y lógico, que al calor y bajo las inspiraciones de una filosofía cuya última evolución es la negación de Dios y la negación de Jesucristo, las ciencias históricas hayan proclamado el fatalismo y se hayan convertido en conjuración permanente contra la verdad religiosa; que las ciencias físicas marchen rápidamente hacia el ateísmo por la doble pendiente del naturalismo y del materialismo; que la economía política se haya convertido en una máquina de egoísmo y de goces para unos, de odios, de pasiones y de peligros para todos; que las ciencias sociales hayan proclamado el falansterio, la santidad de las pasiones y la comunidad de bienes; que las artes y la literatura hayan sido profanadas por un naturalismo, o panteísta, o escéptico y sensualista; que las ciencias

---

44　En este libro de Strauss se hallan efectivamente amalgamados y fundidos el idealismo, el criticismo y el naturalismo positivista, que representan las tres direcciones fundamentales de la doctrina de Kant. Strauss, que en sus obras anteriores y principalmente en la Vida de Jesús y en la Dogmática, se había inspirado en el criticismo y el idealismo de Kant, aunque modificados y desenvueltos en sentido hegeliano, en La antigua y la nueva fe, sin abandonar del todo aquellas dos direcciones, entra de lleno en el terreno del naturalismo materialista que palpita en el fondo de la doctrina de Kant, y en el fondo también de la Idea de Hegel, según hemos visto. Así es que en este libro se tropieza a cada paso con citas y sentencias que pertenecen de derecho al materialismo, desde Epicuro y Lucrecio hasta Büchner, Dühring y Häckel, y el darwinismo constituye el fondo y como la trama sustancial de la concepción contenida en Der alte und der neue Glaube.

religiosas hayan proclamado la divinización de la humanidad y la negación del Cristianismo, mientras que las ciencias políticas proclaman a su vez la soberanía del hombre contra la soberanía de Dios, la omnipotencia del Estado y el ateísmo de la ley, buscando en la libertad del hombre, en la arbitrariedad del César, en la libertad inconsciente de las muchedumbres, el origen, la razón suficiente y la sanción del derecho y del deber, de la justicia y de la ley. Así es también cómo las ciencias morales se han esforzado y se esfuerzan en arrancar al hombre de las manos de Dios y de la Religión, por medio de la moral independiente y de esos imperativos categóricos, tan estériles e impotentes para producir el bien, como erróneos en su base y en sus principios informantes. Ciertamente que no se necesita reflexionar mucho para reconocer y afirmar que en medio y a pesar del descenso y decadencia de la moral evangélica entre los pueblos del mundo civilizado, el barómetro de la moral pública y privada bajaría más rápidamente y en proporciones inesperadas, si fuera posible que, desapareciendo totalmente los principios, las máximas, las instituciones y la sanción de la moral cristiana, juntamente con las costumbres formadas bajo su influencia, viniera a ocupar su puesto la moral de los imperativos categóricos. Porque la verdad es que si, desde el punto de vista de su contenido real y de su base científica, esos imperativos se resuelven en egolatría y panteísmo,[45] dejan y dejarán siempre mucho que

---

45   Así por ejemplo el imperativo categórico estoico de Kant: «obra según una máxima que pueda servir al mismo tiempo como ley general», envuelve implícitamente la afirmación de que la razón del hombre es el fundamento primitivo, la sanción suprema, la norma absoluta de bien y del mal moral, lo cual tanto vale como divinizar la razón humana: es negar a Dios para afirmar el yo; es sustituir la egolatría a la adoración de Dios.
El mismo carácter distingue a la fórmula o imperativo krausista: Sé causa libre del bien como bien: Sei freie Wrsache des Guten als des Guten, o, en otros términos: «Quiere y ejecuta el bien porque es bueno», con la sola diferencia que la egolatría puramente estoica de Kant es aquí reemplazada por una egolatría panteística; porque es preciso no olvidar que, para Krause, si el hombre quiere y ejecuta bien, es porque lo que quiere y hace el hombre es una parte de la esencia de Dios que se manifiesta en el tiempo: *Weil das, was du willst und wircklich machs, ein Theil der in der Zeit erscheinenden Wessenheit... ist...* Si aquí no hay panteísmo, debe desaparecer esta palabra de la crítica filosófica, sobre todo si se tiene en cuenta que la libertad a que se alude aquí es una mera libertad de coacción, toda vez que para Krause la libertad es la propiedad de determinarse a sí mismo a la realización de su esencia, en conformidad y con sujeción a la ley interior de la vida, como

desarrollo necesario de la virtualidad contenida en la esencia divina, es decir, según la interior identidad de las divinas propiedades, para hablar el lenguaje de Krause. Así es que, para éste, ni la libertad divina se opone a la necesidad divina con respecto a las criaturas (lo necesario temporal, en estilo krausista) o esencias finitas, ni la libertad humana excluye la necesidad de obrar el mal, el cual es efectuado según la ley necesaria de la vida (also das Vebel auch macht eben diesen nottwendigen Gesetze verwirklicht wird); o, mejor dicho, no existe en realidad distinción entre el bien y el mal, puesto «que el contenido puro del mal, considerado en sí mismo... es un bien esencial: Der reine Inhalt des Uebels selbst ist für sich allein genomenen... ein Wesenliches Gutes.»

Doctrina es esta muy en armonía con la del mismo autor, cuando identifica y confunde la moralidad humana con la divinidad de la vida, en y para sí misma: Die Sittlichkeit ganz einzig und rein bestehe in des Lebens Gottlichkeit an und für sich selbst.

Por otra parte, aun prescindiendo del fondo panteísta que encierra la teoría moral de Krause, bastaría para desvirtuar la escasa influencia que ejercer pudiera sobre la conducta moral del individuo y de la sociedad, la limitación que envuelve relativamente a los destinos del hombre. La ineficacia real de toda teoría que busque la base y el principio de la moralidad en imperativos y fórmulas de dudoso y estéril estoicismo, crece de punto cuando se dice, como dice Krause, que el destino de la humanidad se halla circunscrito a la tierra (die Bestimmung der ganzen Menschheit hier auf Erden ist); porque esto equivale a despojar al orden moral de uno de sus caracteres más divinos, de una de sus condiciones más fundamentales para influir eficazmente en la moralidad privada y social.

La filosofía cristiana nos enseña a obrar bien, no ya solo porque y en cuanto todo bien moral es una derivación mediata o inmediata de la inteligencia y de la voluntad de Dios, sino también y principalmente porque es el camino connatural y racional para llegar a la unión y comunicación mas perfecta posible con Dios, como Verdad Infinita y como Bien Sumo. Si bajo el primer punto de vista la teoría cristiana encierra lo que hay de exacto y de verdadero en el imperativo krausiano, bajo el segundo aspecto relaciona la moralidad humana con Dios en sentido más elevado, toda vez que la unión con el Sumo Bien y la comunicación divina que admite la teoría cristiana, es más íntima y perfecta que la de la teoría krausista, sin degenerar por eso en panteísmo, como degenera la de Krause, cuando nos dice que la volición y ejecución del bien es una parte de la esencia de Dios que se revela o aparece en el tiempo: *Wolle und vollbringe das Gute, weil es gut sei, d. h. weil dasselbe ein Theil ist der in der Zeit erscheinenden Wesenheit Gottes. Das System der Rechtsphilos*, pág 186.

Por lo demás, ya dejo indicado que lo que hay de exacto y verdadero en los imperativos de Kant y de Krause pertenece en toda justicia a la moral cristiana, para la cual es una verdad inconcusa y hasta vulgar, que el obrar el bien por el bien, por amor del mismo, propter se, y sobre todo por amor del Bien infinito, es propio del hombre virtuoso en cuanto tal, y es cosa más perfecta que el obrar el bien por temor del castigo o por esperanza de premio. Siglos antes que aparecieran en el mundo Kant y Krause con sus imperativos categóricos, había enseñado terminantemente Santo Tomás que no es propio del hombre virtuoso desear desde el punto de vista de su influencia en la moralidad del hombre y de la sociedad. Quien conozca un poco los pliegues y resortes múltiples del corazón humano, la debilidad de la voluntad para el bien, la fuerza de las pasiones para el mal, las situaciones complejas y con frecuencia difíciles de la vida, no puede abrigar la menor duda acerca de la esterilidad e impotencia de esas fórmulas estoicas y frías para regular la conducta moral de las muchedumbres y contener sus pasiones, aun cuando queramos admitir en hipótesis que son suficientes para determinar o dirigir la moralidad más o menos dudosa e incompleta de ciertos individuos.

Así es cómo las ciencias todas han sido informadas por el ateísmo, que, a la sombra del racionalismo anticristiano, sentó su trono en el centro de la filosofía y de la metafísica, revelándose unas veces bajo los matices de la palabra cambiante y flexible de la escuela crítica, apareciendo otras con ruda franqueza en el terreno materialista, y presentándose con más frecuencia bajo la forma velada del panteísmo, sistema apellidado por Proudhon, por esta causa, una hipocresía y una falta de valor.[46]

---

obrar el bien para evitar suplicios y conseguir premios, sino obrar el bien por amor del mismo bien, y huir del mal porque es mal. Según Santo Tomas, el hombre se dice bueno moralmente, en cuanto y porque tiene buena voluntad, y ésta se dice recta y buena en el orden moral, porque y en cuanto quiere el bien, y principalmente el mayor de todos los bienes. De aquí se infiere, que la bondad del hombre será tanto más perfecta, cuanto su voluntad quiera el bien más perfectamente: siendo, pues, indudable que lo que el hombre elige y quiere por amor, lo elige y quiere más que lo que se quiere y elige por temor, síguese de aquí que el amor de Dios, como Bien Sumo, es la causa principal, o la razón primaria de la bondad moral en el hombre. Tales son las afirmaciones casi literales de Santo Tomás, según puede verse en los dos siguientes textos, entre otros varios que pudiera citar:

Retrahitur enim aliquis a peccato et operatur bonum propter se, et aliquis propter aliud. Propter aliud autem dupliciter: vel ad vitanda suplicia, vel ad consequenda praemia, et neutrum virtuosi est, qui bonum propter se operatur, et malum propter se fugit. Sentent, 3.º, dist. 43, cuest. 1.ª, art. 3.º

«Homo autem dicitur bonus ex eo quod habet voluntatem bonam, per quam reducit in actum quidquid boni in ipso est: voluntas autem bona est ex eo quod vult bonum, et praecipue maximun bonum, quod est finis. Quanto igitur hujusmodi bonum magis voluntas vult, tanto magis homo est bonus; sed magis vult homo id quod vult propter amorem, quam id quod vult propter timorem tantum..., ergo amor summi boni, scilicet, Dei, maxime facit bonos.» Summa cont. Gent., lib. III, cap. CXVI.

46   Système des contradic. écom., tomo II.

Si las instituciones sociales y políticas se encuentran hoy saturadas de ateísmo, corroídas y gangrenadas por el positivismo materialista, es porque el hombre ha querido usurpar el lugar de Dios, y sustituir la universal ateocracia a la teocracia de la filosofía cristiana. Y no os asuste, Señores, oírme hablar de teocracia; que la teocracia a que aludo no es la teocracia en el sentido tan inexacto como vulgar, que generalmente se atribuye a esta palabra; es la teocracia que consiste en reconocer que a Dios, autor y creador del mundo y del hombre, compete el derecho de soberanía y de gobierno sobre el mundo y sobre el hombre. Consecuencia necesaria de esta teocracia es la determinación de las relaciones entre el hombre y Dios. La sociedad, el Estado y el poder público traen su origen primitivo de Dios, el cual, al llamar al hombre a la existencia, hizo de él un ser social a la vez que un ser moral e inteligente. Dios es el autor de la familia; es origen y norma de la moral, fundamento y razón suficiente del derecho, base primitiva y sanción última de la ley y de la propiedad, como lo es también de la libertad y de la autoridad, y, por consiguiente, del orden social. Porque si el orden social es la unidad de la libertad en la autoridad y de la autoridad en la libertad, no puede ser estable ni fecundo para el bien sino a condición de buscar en Dios su origen y su sanción. «Si quieres que te obedezca, dice al hombre del poder el hombre de la filosofía y de la política cristiana; si quieres que te escuche cuando me diriges tu mandato y cuando pones límites a mi libertad, háblame en nombre de Dios; y con la autoridad de Dios: de lo contrario, no te conozco ni te escucho; tu mandato es tiranía y usurpación; mi razón y mi voluntad valen tanto como tu voluntad y tu razón.»

Consecuencia también de esa teocracia es la sublime teoría de la filosofía cristiana acerca del destino final del hombre; teoría que al subordinar los fines de la sociedad terrena al fin supremo y último del hombre, deposita en el seno de la sociedad, del Estado, y de la familia, un principio espiritualista destinado a contrabalancear la gravitación impetuosa del hombre hacia la carne y los sentidos. Por eso San Agustín, después de asentar que el fin supremo del hombre consiste en el conocimiento, amor y posesión de Dios (*creatus est homo ut Deum cognosceret, cognoscendo amaret, amando possideret, possidendo frueretur*), enseña que incumbe a los reyes el deber de procurar el bien social, pero en armonía, y relación con las prescripciones de la religión divina.[47] Por eso también Santo Tomás, después de afirmar que el fin propio de la sociedad humana es procurar el bienestar material, intelectual y moral de los asociados, pero sin perder de vista que la virtud o perfección moral es aquí lo más importante (*virtuosa igitur vita est congregationis humane finis*), afirma y enseña a la vez que el fin último de la sociedad humana es el mismo fin último y supremo de los individuos.[48]

¿Es esta la doctrina social de la filosofía racionalista? ¿Son estas las ideas, las tendencias y los propósitos de sus representantes? Escuchad su palabra: «Queremos, dicen, un Estado sin Religión y sin Dios; queremos una familia sin Dios; una ley sin Dios; moral y escuelas sin Dios, y hasta sepulcros sin Dios. La sociedad y el Estado, la soberanía y la ley, la moral y el derecho para nada necesitan de Dios; deben su origen, su sanción y su esencia a la voluntad del mayor número».

He aquí la última palabra de la filosofía racionalista, cuyas varias corrientes vienen a concentrarse todas finalmente en la idea ateísta. Y sucedió que Dios, su Cristo y su Iglesia, fueron condenados, arrojados, proscritos de todas partes. Una sonrisa de satisfacción se dibujó entonces en los labios de príncipes y gobernantes, de magistrados y de filósofos, de los sabios y de los poderosos del siglo. El poder y la gloria, la ciencia y las riquezas serán nuestra herencia exclusiva, dijeron en su corazón; la tierra y el porvenir nos pertenecen. Mas he aquí que de repente llega hasta sus oídos rumor lejano de pavorosa tempestad. Y no es que el hombre de la lógica implacable arroje a su rostro la última consecuencia de las premisas por ellos sentadas, proclamando que Dios es el mal, que la propiedad es un robo, que la anarquía es la única forma legítima de gobierno.[49] No, no es la lógica del escritor; es la lógica práctica y avasalladora de las masas organizadas por asociaciones

---

47 In hoc enim reges, sicut eis divinitus praecipitur, Deo serviunt, in quantum reges sunt, sit in suo regno bona jubeant, mala prohibeant, non solum quae pertinent ad humanam societatem verum etiam quae ad divinam religionem. San Agust., Cont. Crescom., lib. III.

48 «Quia homo vivendo secundum virtutem ad ulteriorem finem ordinatur, qui consistit in fruitione divina, oportet eundem finem esse multitudinis humanae.
    »Non est ergo ultimus finis multitudinis congregatae vivere secundum virtutem, sed per virtuosam vitam pervenire ad fruitionem divinam.» De Regim Princip., lib. I.

49 «Car Dieu c'est sottise et lâcheté; Dieu c'est hypocrisie et mensonge; Dieu c'est tyrannie et misère; Dieu c'est le mal.» Systèm, des contrad., tomo I.

anárquicas y utópicas, la que conturba, agita y estremece a esos hombres de Estado, a esos gobernantes y magistrados, a esos sabios y poderosos de la tierra. Con su palabra y con su ejemplo arrancaron del corazón del pueblo las augustas creencias las consoladoras esperanzas de la religión cristiana. Y este pueblo, que escuchó un día y otro día la voz de blasfemia lanzada contra Jesucristo, y su Iglesia, y sus ministros; este pueblo que, encorvado sobre el arado y sepultado en los talleres, vio que los sabios y los poderosos del siglo se burlaban de su fe, le arrebataban su esperanza en una vida futura y el pensamiento de Dios, invitándole a fijar únicamente sobre la tierra sus miradas, sus manos y su corazón, irguió su frente sombría, en la cual no brilla ya el sello augusto de la fe y de la esperanza en Jesucristo, y exhaló de su pecho una voz de maldición y de muerte. Es la voz del pueblo, que dice a los sabios, y poderosos de la tierra: «Si el Cristianismo es una impostura, como aseguráis; si la existencia de Dios es una hipótesis; si no hay más Dios que la humanidad, ¿por qué sufro y lloro mientras vosotros, hombres como yo, abundáis en delicias?... Puesto que me aseguráis que nada hay para el hombre mas allá del sepulcro; puesto que la Providencia, el infierno y el paraíso son palabras que nada significan, quiero poseer la tierra, quiero abundar en riquezas y placeres. Nos habéis enseñado que la ley de la vida

---

«La definition de la propriété est mienne, et toute mon ambition est de prouver que j'en ai compris le sens et l'étendue. La propriété c'est le vol. Il ne se dit pas en mille ans deux mots comme celui-lá.» Systèm. de contrad. écom., tomo II.

«Quelle forme de gouvernement allon nous préferer?... Eh bien! Vous étes democrate?

—Non.

—Quoi! Vous sériez monarchique?

—Non

—Constitutionnel?

—Dieu me'n garde!

—Vous étes donc aristocrate?

—Point du tout.

—Vous voulez un gouvernement mixte?

—Encore moins.

—Qu'étes vouns donc?...

—Je suis anarchiste...

—Anarchie, absence de mâitre, de souverain, telle est la forme de gouvermement dont nous approchons tous les jours.» Qu'est cé que la Propieté, pág. 277.

es gozar. Pues bien; nosotros queremos gozar, porque mañana moriremos; queremos destruir y aniquilar cuanto opone trabas a nuestros goces y placeres: por eso predicamos la guerra contra Dios y sus ministros, guerra contra la Religión y la sociedad, guerra contra la autoridad, contra la propiedad y la familia».

¿Qué significa ese grito de maldición, de guerra y de muerte lanzado por el socialismo contemporáneo? Es el eco fatídico, pero lógico, de las doctrinas que al pueblo se han enseñado con la palabra y con el ejemplo. Digámoslo, pues, aquí, y digámoslo en voz muy alta: si la sociedad y las naciones han de recobrar el perdido equilibrio; si la sociedad y las naciones han de evitar la tempestad que ruge bajo nuestras plantas, y que proyecta sombras siniestras sobre el porvenir, es preciso que vuelvan al centro, por ellas en mal hora abandonado; es preciso que conviertan su corazón y sus miradas hacia el Dios verdadero y hacia su hijo Jesucristo: que no es sola la vida eterna, es también la vida presente la que es fecundada y santificada por el conocimiento de Dios y de su enviado Jesucristo.[50] Y es preciso también, y ante todo, que la sociedad y las naciones vuelvan a llamar a su seno al Cristianismo, fuera de cuya órbita vienen peregrinando hace tiempo.

Y al hablar de Cristianismo no me refiero a ese cristianismo racionalista, hoy de moda entre algunos filósofos y publicistas, que se reduce por un lado a una moral individualista y libre que deja paso franco a las pasiones, mientras que en el terreno doctrinal solo nos ofrece remedos más o menos ingeniosos de los dogmas católicos, cuya verdad es inconciliable, no ya solo con las cristologías de Strauss, Bruno Bauer y Marheineke, si que también con las trinidades filosófico-panteístas de Schelling, de Leroux y de Dorner. Hablo del Cristianismo tradicional, perpetuo y auténtico, revelado por Jesucristo, predicado por los Apóstoles y enseñado por los antiguos Concilios y Padres de la Iglesia. Hablo de ese Cristianismo que regenero una sociedad próxima a perecer en manos del principio politeísta y del principio epicúreo; que rompió las cadenas del esclavo; que dio vigor sobrehumano a la inteligencia poderosa de San Agustín y de Santo Tomás; que por medio de sus admirables instituciones monásticas hizo brotar por ensalmo cultivados

---

50 Haec est vita aeteram ut cognoscant te solum Deum verum et quem missisti Jesum Christum. Joan., cap. XVII, vers. 3.

campos y villas populosas en las primitivas selvas y lagunas; que conserva y desarrolla las ciencias y las artes, lleva la civilización a pueblos salvajes, redime al cautivo, instruye a la juventud, cura al enfermo, protege al desvalido y evangeliza al pobre. Este Cristianismo, que condena la tiranía y violencia, como condena la rebelión y el desorden; este Cristianismo, que ama el progreso en el bien y para el bien; que forma los grandes caracteres y es origen de austeras virtudes; que tiene soluciones fijas a la vez que filosóficas para todos los grandes problemas de la vida y de la muerte del hombre; que asienta sobre firmes y sagradas bases la sociedad, la autoridad, la familia y la propiedad, es el único capaz de contener ese gran movimiento de descomposición moral y social que hoy nos preocupa, y que es el resultado natural y necesario del principio racionalista que hemos sustituido al principio cristiano y de las instituciones ateas, que en uso de nuestra soberanía popular y de nuestra autonómica razón nos hemos dado. La sociedad y las naciones corren gran riesgo de perecer, y perecerán sin duda, si en frente del movimiento pagano y racionalista, que origina y representa su decadencia y sus peligros, no verifica un gran movimiento de aproximación y concentración hacia el principio cristiano. Si posible fuera que el Cristianismo, con todas sus ideas e instituciones, se ausentara de las naciones civilizadas, conocerían entonces lo que deben a esa Religión santa, a la que menosprecian y persiguen; conocerían entonces que al Cristianismo, y solo al Cristianismo, son debidos el germen, el desarrollo y los elementos principales de ese gran hecho histórico-social que apellidamos civilización europea.

¿Qué significan, en presencia de estos hechos y reflexiones, esos vaticinios de la incredulidad sobre la muerte próxima del Cristianismo católico? Cierto que hay aquí un fenómeno que merece fijar nuestra atención.

El racionalismo filosófico-religioso, que hace tres siglos viene trabajando la Europa y ejerciendo activa propaganda a la sombra de los tronos, apoyado por los gobiernos, enseñado por las universidades, y, lo que es más aún, favorecido por los instintos, y pasiones del hombre, apenas cuenta algunos millares de afiliados. Y sin embargo, se complace en vaticinar la próxima desaparición y muerte de esa Religión santa, que cuenta millones y millones de creyentes; que hoy mismo ejerce tan poderosa atracción sobre las clases influyentes e ilustradas de las naciones que marchan al frente de la civilización, y que hasta en Alemania, hasta en ese gran centro del racionalismo, adonde acuden en busca de armas contra el Cristianismo los racionalistas de segunda fila, ofrece palpables ejemplos de poderosa vitalidad, enseñando que sabe resistir hasta la sangre a todo poder y a toda tiranía, cuando violentar intenta la libertad del hombre y el derecho sagrado que le asiste para adorar a Dios en espíritu y en verdad.

La Religión cristiana, nos dicen los profetas de la idea y del progreso indefinido, debe desaparecer, en atención a que, como religión demasiado antigua, ya no puede responder al estado actual y futuro de la civilización; es incompatible con el progreso a causa de su inmovilidad dogmática; es una religión incapaz de satisfacer a los espíritus superiores y a las almas fuertes, y propia solamente para el pueblo y para las almas débiles.

Es verdad: el Cristianismo es una Religión que solo puede satisfacer el corazón y la inteligencia de espíritus inferiores, de almas débiles y apocadas. Y en prueba de ello, ahí tenéis los nombres de Orígenes, de Eusebio de Cesárea, de San Agustín y de Santo Tomás, de Melchor Cano y de Vives, de Bossuet, de Leibnitz y de Baronio. Y si queréis almas débiles y apocadas, ahí están las de San Atanasio y San Ambrosio, las de Gregorio VII y Sixto V, las de Isabel la Católica y Cisneros. Y a estas almas débiles y apocadas, con tantas otras que citar pudiéramos, añadid, si os place, ese inmenso cuanto brillante catálogo de mártires cristianos, que, desde San Esteban hasta el misionero de nuestros días, vienen sancionando con su épica fortaleza y sus combates de sangre los derechos de la libertad, de la justicia y de la dignidad del hombre. ¡Sin duda que esos hombres no pueden significar nada al lado de los nombres de Fichte y de Schelling, de Hegel, Krause y Schopenhauer, cuyas creaciones filosóficas brillan un día, para desaparecer al siguiente, sepultadas y confundidas en el torrente impetuoso de las pasiones humanas! ¡Sin duda que la inteligencia y el saber de Clemente de Alejandría y de Orígenes, de San Jerónimo y de Eusebio, de San Agustín y de Santo Tomás, no se hallaban a la altura de la inteligencia y del saber de los Strauss y Renan, de los Larroque y Laurent, de los Tiberghien y Littré!

El Cristianismo, añaden, no se halla en relación con las exigencias de la moderna civilización, a causa de su antigüedad y de su inmovilidad dogmática. Esta objeción es digna de los que enseñan que la verdad no es, sino que se hace. Con igual derecho pudieran reclamar contra la permanencia de las leyes mecánicas, que obligan al arquitecto a no separarse de ellas al construir un edificio, no menos que contra el decálogo, contra la propiedad y la familia, toda vez que aquellas leyes y estas instituciones son más antiguas que el Cristianismo.

Ni es menos infundada la objeción referente a la pretendida oposición entre el Cristianismo y la ley del progreso.[51] La ley del progreso, o no signi-

---

51 Un racionalista contemporáneo, que ha escrito muchos volúmenes contra el Cristianismo y la Iglesia católica, en los cuales no brillan ciertamente ni la exactitud de los hechos, ni la originalidad de las objeciones, ni el fondo científico, reproduce esta manoseada y cien veces contestada objeción contra el Cristianismo: «El dogma del progreso, dice, que inspira a los filósofos, implica que la humanidad es imperfecta, pero perfectible, lo cual supone que jamás posee la verdad absoluta, si bien se acerca a ella sin cesar. Por el contrario: la Iglesia enseña que hay una verdad comunicada por Dios, cuyo depósito le está confiado. Cuando la Iglesia pronuncia una decisión sobre una cuestión de religión o de moral, es infalible: así lo dice el Catecismo Romano. Es imposible que la verdad absoluta varíe en cosa alguna; el progreso aplicado a la verdad revelada es un sacrilegio, pues esto sería decir que Dios es imperfecto. Así, pues, la consecuencia de la revelación y de la infalibilidad de la Iglesia, es la inmutabilidad de la Religión y de la moral». Laurent, *Études sur l'historie de l'Humanité*, tomo XII, pág. 142.
Puesto que la índole de este discurso no permite entrar en la refutación detallada del contenido de este pasaje, me limito a llamar la atención sobre los tres puntos siguientes:
1.º La inmutabilidad de la religión, en lo que ésta tiene de fundamental, como expresión de las relaciones entre hombre y Dios, prefijadas y determinadas por el mismo Dios, bien así como la inmutabilidad de la moral en lo que tiene de esencial, no es una consecuencia de la infalibilidad de la Iglesia, como afirma Laurent, sino una consecuencia de la razón natural y de la filosofía, que enseñan de consuno esa inmutabilidad.
2.º Suponer y afirmar que la revelación progresiva es incompatible con la perfección de Dios, equivale a suponer, o que las verdades reveladas se confunden e identifican con la esencia misma de Dios, o que éste no pudo determinarse libremente desde la eternidad a ilustrar al hombre por medio de revelaciones parciales y progresivas: según esta teoría, sería necesario decir que la revelación evangélica no contiene un progreso respecto de la mosaica, a no ser que se prefiera afirmar, con los antiguos gnósticos y maniqueos, que el Antiguo Testamento es obra de tinieblas y de mal principio.
3.º Todo el raciocinio del escritor que nos ocupa es esencialmente sofístico, en atención a que se confunde el doble y muy diferente significado que corresponde a la palabra verdad absoluta.
Cuando se dice que el hombre jamás posee la verdad absoluta, claro es que aquí la palabra absoluta no se toma en su sentido vulgar y ordinario, o sea en cuanto equivalente a

fica nada, o significa la tendencia del hombre a una condición superior, una expansión, una ascensión hacia un ideal de perfección. Luego el Cristianismo es esencialmente progresivo, toda vez que, además de revelar al hombre de una manera fija y concreta su origen y su destino final, le presenta como ideal de ascensión perenne e indefinida hacia la perfección, al que es Bien sumo, Verdad primera, Belleza infinita: *Estote perfecti sicut Pater vester coelestis.*

Y si la razón demuestra con la evidencia de la lógica la posibilidad del progreso en el Cristianismo y por el Cristianismo, la historia se encarga de demostrar con la evidencia de los hechos la realidad de este progreso en el Cristianismo y por el Cristianismo. Comparad, si no, la civilización iniciada por el Sakhya-Mouni del Ganges y por el Profeta del desierto, con la civilización iniciada por Jesús de Nazaret. Comparad los progresos realizados en hombres y pueblos bajo la influencia y las inspiraciones de la idea búdhica y de la idea musulmana, con los progresos realizados bajo la influencia e inspiraciones de la idea cristiana, y después de esto, negad, si podéis, que el Cristianismo es una institución eminentemente progresiva, que el Evangelio de Jesucristo lleva en su seno, fecundo e inagotable germen de sólida civilización.

---

verdad inmutable, como cuando decimos que las matemáticas y la metafísica contienen ciertas verdades absolutas, sino como equivalente a íntegra, o sea por el conjunto de todas las verdades; pues solo así puede tener filosófico sentido la frase indicada. Y sin embargo, cuando se añade poco después que es imposible que cambie o varíe la verdad absoluta, claro es que esto solo se verifica con respecto a la verdad absoluta tomada en el primer sentido y no en el segundo, a no ser que el profesor de Gante nos pruebe primero que el conjunto, es decir, la cantidad o número de verdades poseídas por el hombre, no puede cambiar ni acrecentarse.

No se comprende ciertamente que se propongan con seriedad semejantes objeciones contra la Iglesia; pero todavía se comprende menos la importancia y favor que entre nuestros racionalistas contemporáneos y de segunda fila alcanzan las producciones del racionalista belga, cuyos voluminosos escritos no contienen más que la compilación más o menos sistemática y completa de las objeciones, diatribas, teorías, y declamaciones de los enemigos del Cristianismo y de la Iglesia, desde la época de Celso y Juliano hasta la presente, que bien pudiera llamarse la época de Draper, sin omitir las pertenecientes a los husitas y wiclefistas, Arnaldo de Brescia, Occam, Voltaire, Doumulin, y principalmente las de los galicanos, jansenistas y enciclopedistas.

Y en presencia de estos hechos, se nos repite un día y otro día que el Cristianismo es incompatible con la civilización, a causa de su inmutabilidad dogmática. ¡Como si el progreso y la civilización tuvieran algo que temer de los dogmas cristianos! ¿Será, por ventura, que la posesión de la verdad por Dios revelada puede retardar la marcha del hombre hacia la perfección? Algo más exacto sería decir que el Cristianismo favorece el desarrollo de la civilización, porque sus dogmas fundamentales, el dogma de la creación y el de la caída original, el dogma de la reparación por Jesucristo, el dogma de la gracia, los dogmas de la caridad, de la esperanza y de la vida eterna, encierran gérmenes fecundos de perfección para el hombre y contienen la razón suficiente y como el principio generador de la ley del progreso.

La inmovilidad dogmática del Cristianismo no se opone a la marcha progresiva de la humanidad hacia el bien en todas sus manifestaciones, como tampoco se opone a esta marcha progresiva la inmutabilidad del decálogo y la inmovilidad de la ley moral. La inmovilidad del Cristianismo es la inmovilidad del grande Océano, que, cerrado y limitado por continentes y montañas, es surcado en todas direcciones por la nave y el vapor, y ofrece vastísimo campo al movimiento, a la actividad y a las exploraciones del hombre.

Que si del terreno doctrinal descendemos al terreno de las instituciones, veremos a la Iglesia fomentar el espíritu de movimiento, de vida y de iniciativa individual, cerrando la puerta al sistema de castas y cimentando su notable jerarquía sobre el gran principio de la igualdad; porque nadie duda, os diré con un autor nada sospechoso en la materia,[52] «que la igualdad en admitir a todos los hombres para los cargos eclesiásticos; que el continuo llamamiento de la Iglesia, arreglado según principio de igualdad, ha contribuido poderosamente a mantener, a reanimar sin cesar el movimiento y la vida, a prevenir el triunfo del espíritu de inmovilidad». No creo necesario detenerme en probar que el régimen de castas ahoga y atrofia el espíritu de movimiento y de progreso en una sociedad política y religiosa. Conocéis la historia de la India y del Egipto, y yo añado que el espíritu de inmovilidad es inherente al espíritu de casta, porque éste lleva consigo la idea de herencia, de privilegio, de concentración de poderes y funciones en determinadas familias e individuos. Pues bien: la Iglesia ha luchado con perseverante ener-

---

52   Guizot: Historia de la civilización de Europa, lec. 5.

56

gía contra ese régimen de castas, que retarda el progreso y la vida, y que conduce a la inmovilidad. Por medio del celibato eclesiástico impide que el estado clerical degenere en régimen de castas, y al propio tiempo llama a la posesión del poder a todas las superioridades legítimas, proclamando y manteniendo incólume el gran principio de igualdad y de libre concurrencia para las dignidades eclesiásticas. Así es cómo la púrpura cardenalicia pasa desde los Mendozas a los Cisneros, desde el noble título de Castilla al humilde fraile franciscano: así es cómo el hijo de la sencilla mujer del pueblo,[53] y el humilde guardador de ganados,[54] honran y ocupan el solio pontificio al lado de los vástagos de la estirpe semirregia de los Médicis.

Ahora debo confesar que entre las objeciones racionalistas contra el Cristianismo, arriba apuntadas, hay una en que la verdad está de parte del racionalismo.

Cuando éste afirma, en efecto, que la Religión de Jesucristo es religión para el pueblo, tiene mucha razón; porque es mucha verdad que esa Religión, cuya sublime profundidad llena la inteligencia y atrae el corazón de los más grandes genios, es al propio tiempo la única que en su sencillez sublime es capaz de llenar las aspiraciones del pueblo hacia el bien y la verdad. Sí; el pueblo, que es como el corazón del género humano, encuentra en la Religión de Jesucristo la solución verdadera y armónica de los grandes y formidables problemas que se refieren a la vida y a la muerte del hombre. Cuando encorvado sobre una tierra ingrata, que riega cada día con su sudor y con sus lágrimas, siente desfallecer sus fuerzas, el pueblo cristiano se acuerda de que tiene un Dios en el cielo, levanta hacia él sus manos, siente renacer en su corazón la dignidad y el consuelo, porque oye la voz del Padre celestial, que le dice: «Bienaventurados los que lloran, porque ellos serán consolados; bienaventurados los muertos que mueren en el Señor»; porque

---

53 Benedicto XI, de la Orden de Predicadores, que sucedió a Bonifacio VIII, y que fue hijo de una lavandera.

54 Sixto V, de la Orden de San Francisco, aunque otros le suponen hijo de un jornalero. En todo caso, en la historia de la Iglesia no son raros los ejemplos de Papas, y de Papas notables, oriundos de familias pobres y que ejercieron oficios humildes. Testigos, además de los ya citados y otros que se hallan en igual caso, los nombres y los hechos de Urbano IV, Celestino V, Juan XXII, Benedicto XII, Bonifacio IX, Alejandro V, Sixto IV, Adriano VI y San Pío V.

los padecimientos de este mundo nada son en comparación de la gloria futura que Dios revelará en nosotros. Más todavía: no es solamente en el cielo, es también en la tierra donde el pueblo cristiano se encuentra con su Dios; encuéntrale llevando por él y como él la cruz, y la pobreza, y los sufrimientos; encuéntrale en la iglesia que se levanta al lado de su choza, para enseñarle, fortalecerle y consolarle; encuéntrale en el sacerdote que purifica y ennoblece su alma en el Sacramento, y en el misionero que levanta su corazón hacia el cielo, y en la Hermana de la Caridad que cura sus llagas, y en el Hermano de la Doctrina cristiana que enseña a sus hijos.

El racionalismo tiene, pues, razón cuando dice que el Cristianismo es la Religión del pueblo. ¡Pluguiera a Dios que este mismo racionalismo, en su odio profundo contra todo lo que es santo y divino, no hubiera arrancado del corazón del pueblo esa Religión de Jesucristo, única que puede salvarle en el tiempo y en la eternidad!

Resumiendo, Señores: si la sociedad que nos rodea se halla profundamente perturbada y hasta amenazada en su porvenir y en su existencia; si enfrente de nosotros se levantan muchedumbres que derriban, incendian y matan cuanto encuentran sobre su camino, es porque esa sociedad y esas muchedumbres ostentan en su frente el signo de la bestia apocalíptica que se levanta contra Dios; el signo de la soberbia racionalista, por la cual han sido llevadas a la negación de Dios en el terreno de la ciencia, a la universal ateocracia y al cesarismo en el orden político y religioso, al orgullo y al deleite en la moral. La sociedad y los individuos, los hombres y los pueblos se agitan en profundo malestar y marchan por caminos de perdición y de muerte, porque ya no marchan en las corrientes de Dios, de Jesucristo y de su Iglesia. ¿Será, por ventura, que la brillante civilización que nos rodea está destinada a perecer en medio de horribles convulsiones, saturada de ateísmo, de orgullo y de placeres?

Ni vosotros ni yo podemos contestar a esta pregunta, porque este es el secreto de Dios, y el secreto también de la libertad del hombre. No es posible predecir el éxito final de esa lucha gigantesca entre el bien y el mal, entre el principio pagano y el principio evangélico, entre el espíritu racionalista y el espíritu cristiano. La historia nos dice que cuando en una nación el mal prevalece sobre el bien, Dios la arroja de su presencia y la sepulta sin gloria y sin honor en la huesa de los siglos; pero la historia, y la razón, y la palabra divina nos dicen también que Dios hizo sanables a las naciones, sobre todo cuando se trata de naciones cristianas. Porque mientras el principio cristiano late en el corazón de un pueblo, este pueblo lleva en sí un germen fecundo de restauración y de reversión a la plenitud de la vida. Por eso en medio y a pesar de nuestros temores sobre el porvenir de la civilización europea, esperamos que tarde o temprano volverá al seno de Dios, escarmentada y arrepentida de sus peregrinaciones fuera de la órbita del Cristianismo. Entonces reconocerán los pueblos que Jesucristo es el Rey de las almas, y su Iglesia santa la mediadora entre Dios y el hombre; y de todos los puntos del horizonte se levantará una voz de alabanza, como la que oyera el profeta de Patmos, como voz de muchas gentes, y como el sonido de muchas aguas, y como el estampido de muchos truenos, que decía: «Al que está sentado en el trono, bendición, honor y gloria, y potestad en los siglos de los siglos».

Cuando llegue ese día feliz para las naciones ingratas que hoy se apartan del Cristianismo, al cual deben su civilización, reconocerá y confesará el hombre que las ciencias naturales son un comentario de la verdad revelada; que la historia es la justificación humana de la Providencia divina; que la filosofía y la religión, sin dejar de ser distintas, deben marchar en amigable consorcio, según la palabra del poeta latino

> ... Facies non omnibus una
> Nec diversa tamen; sed quae decet esse sororum.

que Dios es el principio y la sanción de la sociedad y la familia, de la moral y del derecho, del orden y de la libertad. Cuando llegue ese día feliz; cuando la humanidad reconozca que Jesucristo es el centro, a la vez que el término viviente y real de la historia humana: Jesuschristus heri et hodie, ipse et in saecula; cuando reconozca que el reinado social de Jesucristo determina y representa la superioridad incontestable de la civilización cristiana sobre las civilizaciones paganas, y que este reinado lleva consigo el reinado de la fraternidad verdadera y del derecho, de la justicia y de la caridad; cuando se reconozca, finalmente, que el Evangelio es un código superior a todo código humano, que protege todas las debilidades contra todas las violencias, a la vez que protege todos los derechos contra todas las concupiscencias, entonces será glorificado el nombre de Jesucristo y de su Iglesia, y toda conciencia, todo corazón y toda lengua del pueblo cristiano enviarán hasta el trono de Dios el himno santo de la victoria del Verbo, que habitó entre nosotros lleno de gracia y de verdad.

Apéndice

Sabido es, en efecto, que para la filosofía krausista, la humanidad terrestre no representa lo que se entiende ordinariamente por género humano, ni el alma de cada individuo termina su peregrinación, como tampoco la comenzó, con el cuerpo a que se halla unida aquí: la humanidad terrestre no es más que una parte de la humanidad universal, por mundos y planetas innumerables diseminada. La unión actual del alma con el cuerpo humano-terrestre representa solamente una etapa particular del movimiento progresivo e indefinido de la humanidad universal a través del espacio y del tiempo.

Esto y no otra cosa se desprende de la hipótesis de una humanidad superior y distinta de los individuos, universal e infinita en su género, que se desarrolla, progresa y se perfecciona siempre y siempre, pero sin llegar jamás al término real y absoluto de esa perfección; porque esa universal humanidad, destinada a nacer y renacer y revivir infinitas veces en infinitos mundos, jamás alcanzará el fruto último, la posesión absoluta de su objeto en el sentido vulgar de la palabra.[55]

En realidad, estas palabras del krausista español pueden considerarse como un verdadero y legítimo comentario de las de su maestro, cuando escribe en la misma obra: «La humanidad de cada cuerpo planetario es una parte de la humanidad universal, y se une con ella íntimamente».[56]

Esta teoría de preexistencia y postexistencia del alma humana, incorporada y peregrinante indefinidamente a través del mundo y astros, contiene y explica las afinidades que entre el krausismo y el espiritismo se descubren. Lo que hemos dicho en otro lugar[57] con motivo de la teoría de Eguílaz acerca

---

55 Sanz del Río: Coment. al Ideal de la human. para la vida.
56 Ibíd.., pág., 34.
57 Estudios religiosos, filosóficos, etc., tomo I.

de la inmortalidad del alma humana, es una prueba convincente de esto. Por otra parte, no cabe poner en duda la estrecha afinidad y analogía que existen entre la doctrina krausista, que se acaba de indicar, y la doctrina espiritista acerca de las encarnaciones, reencarnaciones y vivificaciones sucesivas del alma.

El espiritismo constituye, por decirlo así, la parte teúrgica del panteísmo ecléctico-místico de Krause, asemejándose también bajo este punto de vista, al panteísmo ecléctico de los neoplatónicos alejandrinos.

El espiritismo puede considerarse como el legítimo representante del culto externo que corresponde al krausismo, considerado como secta; porque, aparte de su aspecto filosófico, el krausismo representa un movimiento religioso sui generis, con su culto interno;[58] con su culto externo, o sean las evocaciones espiritistas, derivación espontánea de las transmigraciones y etapas de la humanidad universal; con su apostolado, o sea el proselitismo que distingue a sus adeptos, y hasta con su caricatura de la caridad cristiana, o sea su filantropía universal, revelación y expresión de las aficiones masónicas del fundador de esta secta filosófico-religiosa, aficiones bien comprobadas en su obra Die drei altesten Kuntsurkunden der Freimauer Brüderschaft.

En comprobación de las indicaciones que hasta aquí dejamos apuntadas, transcribiremos algunos pasajes del profesor Tiberghien, el cual es sin disputa uno de los partidarios y propagandistas más notables del krausismo.

«L'humanité terrestre repond a notre destinée terrestre; mais notre mission prêsente n'est pas toute notre destinée. L'âme est immortelle et doit continuer dans le ciel le développement qu'elle a acquis ici bas. N'existe-t-il pas sur d'autres globes d'autres humanités, ou plutôt n'existe-t-il pas dans le monde une humanité universelle, dont les rameaux sont disseminés sur toutes les terres qui voguent dans l'espace sans limites?»[59]

«De même que l'humanité terrestre est formée de races et des nations douées d'une vie propre et d'un génie particulier, l'humanité dans l'univers

---

58 Ibíd.., pág. 139.
59 Introduc. à la Philos. et préparat à la metaph., pág. 132.

est formée d'humanités partielles, occupant toutes les globes habitables de l'espace.»[60]

«La théorie de la création éternelle implique la préexistence des âmes.

»Adoptée par les orientaux, par Pythagore, par Platon, par les Alexandrins, par Origènes, la préexistence des âmes ne pouvait cependant être sainement comprise que dans les temps modernes, grace à la réforme de l'astronomie, car elle se rattache à tout le système physique et moral de l'univers... Les faits de la vie présente sont la consequence d'une activité anterieure, comme ils sont le prélude d'une activité future.

»Les terres célestes sont le théâtre de ces vies succesives. Tout s'enchaîne dans l'espace et dans les temps. Puisque la terre n'est plus toute la vie... la terre est une planète et la vie terrestre une étape dans la série des développements de l'âme.»[61]

Según se ve por estos pasajes, la teoría krausista sobre esta materia es idéntica en el fondo a la de Pitágoras, Platón y Orígenes, diferenciándose de aquellos en que, para los krausistas, las encarnaciones y vivificaciones sucesivas del alma se realizan siempre en progresión ascendente de perfección de vida, al paso que aquellos consideraban algunas de esas encarnaciones, y especialmente la terrestre, como una degeneración, como resultado y objeto de una caída anterior. Solo teniendo en cuenta que las épocas de incredulidad son también las épocas de más grosera superstición, se concibe que haga tanto ruido y se conceda tanta importancia a una filosofía que es la premisa lógica del espiritismo, y cuya filosofía retrógrada hasta la metempsícosis pitagórica, hasta la hipótesis gratuita de Platón y hasta los ensueños de Orígenes.

Pero sigamos citando, y veremos a esa filosofía que se atribuye a sí misma el privilegio de alcanzar y poseer la verdad en todas las esferas de la ciencia y de la vida, acudir al sonambulismo y a los fenómenos magnéticos para dar razón de los diferentes estados, transmigraciones y manifestaciones vitales del alma humana.

Esto probará una vez más que el espiritismo contemporáneo es hijo legítimo, o al menos merece serlo, de la doctrina krausista:

---

60   Ibíd.., pág 139.
61   Ibíd.., pág. 195.

«Il est permis de présumer également d'aprés les phenomènes de la vie terrestre, que les états periodiques de la veille et du sommeil déterminés par les vicisitudes des jours et des saisons peuvent s'étendre encore à la série des incarnations de l'âme sur les terres célestes. Pourquoi l'état de somnambulisme ou de clairvoyance magnétique, qui se rattache aux deux états précédents et les complète, n'aurait il pas son application aux phases succesives de la vie humaine? L'oubli de la vie anterieure s'explique par les lois de la mémoire... Cette loi s'applique aussi aux incarnations succesives de l'âme, et en consequence, l'oubli où nous sommes plongées dans la vie actuelle au sujet des faits accomplis dans la vie précédente, prouve seulement que ces deux vies ont des caractères antithétiques.»[62]

«Si l'àme est immortelle, la mort est une renaissance, et cette reinaissance dans un autre milieu aura sans doute les mêmes conséquences pour notre activité future que la naissance pour notre activite présente... Si l'union de l'esprit et des corps pour la vie future est un acte de justice, elle est donc une récompense proportionnée a nos mérites ou un chatiment équivalent à nos fautes, elle est la sanction d'une activité anterieure.»[63]

Parécenos que el espiritismo no necesitó trabajar mucho para levantar su teoría sobre estas bases: las obras de Allan Kardec bien pudieran considerarse como un corolario lógico, como una paráfrasis legítima y espontánea de las afirmaciones contenidas en los pasajes que se acaban de transcribir.

No es difícil tampoco reconocer que el psicologismo cartesiano constituye otro de los elementos parciales de la filosofía krausista. Para ésta, como para Descartes, el punto de partida y el origen general de la ciencia es el yo, base primitiva de la filosofía. Solo que mientras para Descartes el punto de partida de la ciencia es el yo determinado, y sobre todo el yo en cuanto conocido y revelado en la conciencia individual por medio de sus actos, el yo señalado por el krausismo como punto de partida para la ciencia es el yo en sí mismo, el yo puro e indeterminado; y bajo este aspecto, Descartes es sin duda superior a Krause, siendo incontestable que nosotros no poseemos intuición directa e inmediata del yo, el cual solo nos es conocido por medio

---

62 Ibíd.., pág. 198.
63 Ibíd.., pág. 202.

de sus actos, hasta el punto que, si éstos no existieran, tampoco existiría para nosotros el yo.

Entre otros varios que pudiéramos aducir en confirmación de lo dicho, transcribimos el siguiente pasaje de Tiberghien, para que no se nos acuse de desfigurar el pensamiento krausista: «El punto de partida de la ciencia es el yo; pero no es el yo según que es espíritu o cuerpo, en cuanto quiere, piensa u obra; es el yo mismo, el yo indeterminado, la simple intuición yo, la cual precede al conocimiento de todas las determinaciones del yo».[64]

La filosofía de Krause tiene otros varios puntos de contacto y afinidad con el cartesianismo, puntos que la índole de este trabajo no permite exponer aquí. Solamente, y como de pasada, llamaré la atención sobre la afinidad de las dos filosofías en orden al conocimiento y existencia objetiva de Dios.

Para cualquiera que conozca la filosofía krausista, es indudable que, si es cierto que sus adeptos consideran el argumento ontológico de Descartes como insuficiente para demostrar la existencia de Dios; si es cierto que hasta pretenden declarar imposible toda demostración acerca de este punto —pretensión que, dicho sea de paso, abre ancha puerta al escepticismo y ateísmo—, no lo es menos que sus procedimientos, el analítico o preparatorio y ascensional, y el sintético o final, los cuales combinados constituyen en la teoría krausista la demostración real o dialéctica de la existencia divina, coinciden en el fondo con la pretendida demostración ontológica de Descartes. «Nous savons aussi, escribe el citado Tiberghien, que l'existence est une détermination de l'essence, puisque l'essence envéloppe toutes les propriétés d'un être, par consequent aussi la propriété d'exister... la notion de l'existence est inséparable de celle de l'être infini, comme la notion de la negation est inséparable de celle d'un être fini... Dieu n'est pas tel ou tel être, il est l'Être; il est le tout en unité. Or, celui qui pense le tout, pense aussi l'existence; car le tout sans l'existence ne sérait pas le tout.

»Telle est sous une de ses formes l'argumentation dialectique en faveur de l'existence de Dieu... on peut la formuler en ces termes: Si Dieu est l'Être, il est aussi la existence; or, il ne peut être conçu que comme étant l'être, donc il ne peut être conçu que comme existent...»[65]

---

64   Obr. cit., pág. 280.
65   Ibíd.., pág. 478.

Aparte, y además del fondo panteísta, en el precedente pasaje contenido, ¿hay aquí otra cosa que el fondo de la demostración ontológica cartesiana? Por si alguien abrigase alguna duda, el mismo Tiberghien se encarga de disiparla, cuando escribe a continuación: Toute la force de l'argumentation répose sur la notion de Dieu.

Si no temiera exceder los justos límites de un discurso, con gusto entraría aquí en algunas consideraciones encaminadas a poner de manifiesto las relaciones de afinidad, si ya no lo son de plagio, entre la teoría de Krause y la de Schelling. Y en verdad que el Ser uno y entero del krausismo, y el Dios cuya esencia infita es la totalidad de la esencia fuera de la cual nada existe; y el Dios que en la unidad indivisa de su esencia es toda la realidad, sin exceptuar el mundo, ni la humanidad, ni el yo individual, pero como unidad superior de la esencia, se parece mucho, si no es idéntico, al Dios de Schelling, al Absoluto, que, en la unidad superior e indiferente de su ser, contiene la naturaleza y el espíritu, el yo y el no yo. Si para Schelling Dios es la realidad absoluta, que en la unidad superior de su esencia indistinta e indeterminada contiene la razón de la distinción y oposición de las cosas; para el krausismo Dios es «la unidad indivisa, es la realidad una y entera, es el todo, antes de toda distinción entre los diversos órdenes de cosas; bajo este punto de vista, Dios es completamente indeterminado, es el Ser, es todo lo que existe, es inmanente en todas las cosas».

Escuchemos otra vez más al krausismo, que nos habla por boca de uno de sus principales adeptos: «Dios es el Ser, la realidad toda entera, sin ninguna restricción ni diferencia: el todo.

»Bajo este punto de vista, Dios es indeterminado; lo es todo, sin ser nada en particular; vive en todo lo que vive, piensa en todo lo que piensa... Cuando se analiza el mundo, se descubren en él dos órdenes de cosas irreductibles, dos géneros de realidades opuestas entre sí, el Espíritu y la Naturaleza, que no tienen su causa el uno en el otro sino que hallan su causa en Dios. En presencia de esta oposición, la noción de Dios se determina; puesto que Dios es la unidad pura y simple de la esencia, o la esencia una y entera, el Espíritu y la Naturaleza deben estar en Dios, bajo Dios, por Dios, como determinaciones de la esencia divina.

Este es el momento de la unidad superior o de la trascendencia. Puesto que »Dios es toda la realidad, al paso que el Espíritu y la Naturaleza no son más que géneros de realidad, Dios está sobre el Espíritu y la Naturaleza; no es el uno ni la otra, no es tampoco la suma de las dos; es la esencia una e indivisible, la esencia indeterminada que traspasa todas las determinaciones de la esencia... Dios, en fin, es la esencia indeterminada; el Ser supremo es la esencia indeterminada, que, como tal, domina todas las determinaciones interiores de la esencia».[66]

Existen además otros puntos, y puntos capitales, de semejanza entre la teoría de Krause y la de Schelling. Sabido es, por ejemplo, el papel importante que en el sistema del último representa la intuición intelectual del Absoluto; para el primero, según Tiberghien, también Dios es el objeto de una intuición intelectual. Dios es conocido de una manera intuitiva y no discursiva, como siendo inmediatamente en sí mismo.

Por otro lado, las tres grandes edades históricas de Krause, la edad de la unidad o de la tesis, la de la variedad o de la antítesis, la de la armonía o sintética, se parecen mucho a las tres edades que, según Schelling, representan la evolución histórica de la humanidad, la edad primitiva (tesis), caracterizada por el predominio del elemento fatalista e inconsciente del hombre; la edad segunda, que representa la reacción voluntaria y consciente contra el elemento fatalista (antítesis) de la edad anterior; y, finalmente, la tercera edad, que representa en el porvenir la reunión y armonía (síntesis) de los elementos predominantes en las dos edades precedentes.

Que la teoría krausiana tiene también notable afinidad con la spinozista, lo reconoce y confiesa Scholten, el cual, a pesar de la predilección con que mira la filosofía de Krause y del favor con que la juzga, escribe no obstante: «En definitiva, y cualquiera que sea la excelencia de sus intenciones, el Dios de Krause no es otra cosa que la sustancia cuyos principales accidentes son la naturaleza, el espíritu y la humanidad, así como para Espinosa estos atributos principales se resumen en el pensamiento y la extensión».[67]

Antes de poner término a estas indicaciones acerca de las condiciones generales y el carácter ecléctico del sistema de Krause, llamaremos la aten-

---

66 Tiberghien: op. cit.; págs. 255-257.

67 Man. de Phil. et Relig., pág. 152.

ción sobre la inferioridad relativa de este sistema, aún considerado desde el punto de vista panteísta. En medio y a pesar del vicio radical y de los grandes errores peculiares e inevitables en toda filosofía panteísta, es incontestable que las concepciones de Schelling y de Hegel, por ejemplo, presentan ciertos caracteres de grandeza, de sistematización, y sobre todo de unidad orgánica y comprensiva, que las coloca muy por encima de la teoría de Krause. Éste, al considerar el Espíritu y la Naturaleza como seres reales y superiores a los individuos, y al señalar a los mismos caracteres absolutamente antitéticos, saca a la escena, por una parte, la teoría platónica de las ideas separadas y subsistentes, la de los realistas absolutos de la Edad Media y el panteísmo psicológico de Averroes; mientras que por otro lado reproduce el dualismo absoluto y exagerado de Descartes, para quien el alma no es más que pensamiento, y la materia o el mundo de los cuerpos es solamente extensión.

La filosofía cristiana, sin negar la distinción real entre el alma y el cuerpo, rechazaba el antagonismo absoluto entre estas dos sustancias, y cerraba la puerta a los graves inconvenientes del dualismo exagerado o absoluto de Descartes, enseñado y reproducido por Krause, merced a la teoría de la forma y materia prima, y de la unidad sustancial de naturaleza y de persona, entrañada en dicha teoría. Esta teoría, en unión con la relativa a las ideas divinas, salva y explica, sin necesidad de acudir a la tesis panteísta, la unidad universal y orgánica, por decirlo así, del ser y de la vida.

Los sistemas de Schelling y Hegel, aunque panteístas, y por consiguiente falsos y erróneos en realidad, tienen al menos la ventaja de evitar el dualismo entrañado en la teoría krausista.

Desde este punto de vista, o sea en el terreno del panteísmo, la evolución de Dios o del Absoluto, revelándose como naturaleza y como espíritu, sin perjuicio de su identidad real apriorística, bien así como la evolución dialéctica de la Idea, o sea el panlogismo rítmico de Hegel, son concepciones muy superiores a las que nos ofrece la teoría esencialmente dualista de Krause.

No cerraremos esta apéndice sin llamar la atención sobre las pretensiones del krausismo, cuando se empeña en presentar su metafísica, o al menos algunos puntos fundamentales de la misma, como expresión genuina de la metafísica cristiana.

Así se explica que en las obras de algunos krausistas se encuentren locuciones y fórmulas doctrinales muy semejantes, y, alguna vez, idénticas a
las que usaron los Padres de la Iglesia y el mismo Santo Tomás. Esta conformidad, sin embargo, es solo aparente, y solo puede engañar a los incautos.
Los Padres de la Iglesia, y Santo Tomás más que todos, combaten y rechazan
explícitamente el panteísmo, al paso que éste constituye el fondo de la metafísica krausista, así como constituye también la premisa lógica de las teorías
que profesa esta escuela en otras derivaciones o ramos de la ciencia, como
son las que se refieren a la biología, a las evoluciones y destino final de la
humanidad, a la filosofía de la historia, etc.

Añádase a esto, que los antecedentes y consiguientes suelen determinar
el sentido ortodoxo de las fórmulas empleadas por los Padres de la Iglesia,
excluyendo todo sentido panteísta o panenteísta; y esto se verifica hasta en
los libros aeropagíticos, que son los que presentan o contienen en mayor
número esta clase de locuciones y fórmulas, a primera vista panteístas, o si
se quiere krausistas. Así, por ejemplo, si es cierto que en el libro De divinis
nominibus se dice que Dios es el ser mismo para las cosas o en las cosas
(ipse est esse existentibus), también lo es que allí mismo se indica claramente que esta locución se toma en sentido causal, cuando añade que Dios
omnis quocumque modo existentis praexistens est principium et causa.

El autor del citado libro nos presenta también la unidad divina como una
realidad simple a qua, et ex qua, et per quam, et in qua, et ad quam omnia
sunt, et coordinata sunt, et convertuntur, frases y fórmulas bastante semejantes a las que suelen emplear algunos krausistas, que acuden también al
ex quo omnia, etc., de San Pablo.

Para convencerse de que nada hay de común entre el sentido de las
locuciones aeropagíticas y las krausistas, a pesar de su analogía externa,
basta leer la exposición parafrástica que de las primeras hace Santo Tomás,
exposición que lleva impreso el sello de la profundidad y claridad de ideas
que distinguen al Doctor Angélico: «Dicit (Dionysius) ergo primo, quod quia
Deus laudatur unus, sicut omnium causa, et sicut omnia in se praehabens,
propter oc in sacra Scriptura juste, id est, rationabiliter, omnia ad ipsam Dei-
tatem remittuntur, id est, reducuntur sicut effectus ad unam causam a qua
procedunt... Dicit enim Apostolus Rom., XI, 36. Ex quo omnia, per quem

omnia, in quo omnia, quibus tribus Dionysius duo addit, scilicet, a quo, et ad quem: quae etiam non longe sunt a traditione Scripturae. Quibus quinque habitudinibus (relaciones), quinque correspondentia ponit, ut intelligatur, quod a Deo sunt omnia, sicut a principio quod omnibus esse influit; ex Deo autem ordinata sunt omnia, in quantum in se ordo rerum sumitur ex ipsa ratione divinae boninatis; per Deum manent omnia, sicut per causam conservatem; in Deo continentur omnia, sicut effectus in causa; et ad Deum convertuntur omnia sicut ad finem, ultima enim rei perfectio est ex eo quod attingit proprium finem». Expos. in lib. de Divin Nom., cap. XIII, sec. 3.ª

Hemos subrayado las preposiciones que corresponden a las cinco especies de relaciones que, según el autor del libro areopagítico, existen o pueden concebirse entre Dios y las cosas creadas, porque si el lector fija su atención en ellas y en su verdadero sentido, tendrá cuanto necesita saber para contestar a ciertas objeciones del panteísmo, y sobre todo para discernir el sentido católico del sentido panenteísta o krausista, en ciertas frases y fórmulas metafísicas.[68]

---

68   Zeferino González (1831-1894). Tomado directamente de *Discursos leídos ante la Real Academia de Ciencias Morales y Políticas en la recepción pública del Excmo. e Ilmo. señor Arzobispo de Sevilla doctor don Fr. Zeferino González, de la Orden de Santo Domingo, el día 3 de junio del año de 1883*, Imprenta de A. Pérez Dubrull, Madrid 1883, págs. 3-83.

Libros a la carta

A la carta es un servicio especializado para
empresas,
librerías,
bibliotecas,
editoriales
y centros de enseñanza;
y permite confeccionar libros que, por su formato y concepción, sirven a los propósitos más específicos de estas instituciones.

Las empresas nos encargan ediciones personalizadas para marketing editorial o para regalos institucionales. Y los interesados solicitan, a título personal, ediciones antiguas, o no disponibles en el mercado; y las acompañan con notas y comentarios críticos.

Las ediciones tienen como apoyo un libro de estilo con todo tipo de referencias sobre los criterios de tratamiento tipográfico aplicados a nuestros libros que puede ser consultado en Linkgua-ediciones.com .

Linkgua edita por encargo diferentes versiones de una misma obra con distintos tratamientos ortotipográficos (actualizaciones de carácter divulgativo de un clásico, o versiones estrictamente fieles a la edición original de referencia).

Este servicio de ediciones a la carta le permitirá, si usted se dedica a la enseñanza, tener una forma de hacer pública su interpretación de un texto y, sobre una versión digitalizada «base», usted podrá introducir interpretaciones del texto fuente. Es un tópico que los profesores denuncien en clase los desmanes de una edición, o vayan comentando errores de interpretación de un texto y esta es una solución útil a esa necesidad del mundo académico.

Asimismo publicamos de manera sistemática, en un mismo catálogo, tesis doctorales y actas de congresos académicos, que son distribuidas a través de nuestra Web.

El servicio de «libros a la carta» funciona de dos formas.

1. Tenemos un fondo de libros digitalizados que usted puede personalizar en tiradas de al menos cinco ejemplares. Estas personalizaciones pueden ser de todo tipo: añadir notas de clase para uso de un grupo de estudiantes,

introducir logos corporativos para uso con fines de marketing empresarial, etc. etc.

2. Buscamos libros descatalogados de otras editoriales y los reeditamos en tiradas cortas a petición de un cliente.